CHARLES CHAPLIN

CHARLES CHAPLIN

por Roberto Mares

Grupo Editorial Tomo, S.A. de C.V.
Nicolás San Juan 1043
03100 México, D.F.

1a. edición, junio 2003.
2a. edición, marzo 2005.

Nicolás San Juan 1043, Col. Del Valle
03100 México, D.F.
Tels. 5575-6615, 5575-8701 y 5575-0186
Fax. 5575-6695
http://www.grupotomo.com.mx
ISBN: 970-666-732-6
Miembro de la Cámara Nacional
de la Industria Editorial No 2961

Proyecto: Roberto Mares
Diseño de Portada: Trilce Romero
Formación Tipográfica: Servicios Editoriales Aguirre, S.C.
Supervisor de producción: Leonardo Figueroa

Impreso en México - *Printed in Mexico*

Contenido

Prólogo

Lo más saludable de la vida
es reírse de las cosas más trágicas;
si es posible, debemos reírnos
hasta de la propia muerte.

Charles Chaplin

En el catálogo de la heroicidad, se han inscrito los nombres de aquellos que han defendido su patria aun a costa de la propia vida, en contra de otros que defendían la suya con el mismo espíritu de sacrificio y que también son héroes, sólo que del otro lado.

Pero algún día, ya no tan lejano, se comenzará a inscribir en el catálogo de los héroes a todos aquellos que han hecho algo valioso por la gente, por toda la gente, más allá de las patrias y las fronteras; más allá de toda diferencia racial, ideológica, cultural, económica, generacional... En ese catálogo estarían muchos científicos, filósofos, inventores, maestros en el arte culinario, grandes amantes, cínicos, iconoclastas, grandes artistas y, desde luego, ahí encontraríamos a ese gran artesano de la risa que fue Charles Chaplin.

Porque Chaplin fue algo más que un cómico genial, es el paradigma de una manera libre y sin prejuicios de entender la vida, de vernos a nosotros mismos y a los demás con la alegre naturalidad del *ser*, dejando para después la carga pesada del *deber ser*.

Pero el cine de Chaplin no es meramente un pasatiempo ni una manera de fugarse de la realidad, es una propuesta de gran categoría ética y estética, por lo que produce en el espectador una *conmoción*, un movimiento de sus fibras sentimentales, que necesariamente le deja una huella en trasfondo de la conciencia, porque nadie puede permanecer ajeno a las peripecias de Charlie, el esquemático vagabundo que parece salido de un sueño íntimo y personal.

Se apagan las luces y uno entra en esa fantasía con el ánimo de no pensar en nada, se relaja y se deja ir hacia la risa durante todo el proceso de las penurias del hambriento vagabundo, lo que, en términos de una moral muy estricta, no es cosa de risa, sino de conmiseración, de compasión por la persona que sufre; pero al explotar esa veta de crueldad que existe en todos nosotros, Chaplin, al mismo tiempo, nos libera de la responsabilidad moral y nos cambia el punto de vista, presentándonos el lado humorístico de la vida, que es una tendencia saludable a no tomar a los demás, y sobre todo a nosotros mismos, con mayor seriedad que la estrictamente necesaria. Chaplin entiende que la burla y la aparente indiferencia son una especie de "terapia del alma", y esa actitud no es éticamente reprobable, sino por el contrario, noble y liberadora.

Chaplin, como verdadero humorista, rechaza la semilla de estoicismo que contamina la moral cristiana y recupera el epicureismo, una moral a la medida de los hombres libres de la ignominiosa sensación de pecado. Charlie es en esencia un ser libre, aunque se encuentre de manera circunstancial atado por la pobreza; el vagabundo nunca pierde la dignidad, lo que es más que una actitud histriónica frente a la vida, es la manifestación espontánea de su carácter rebelde y esencialmente altivo. Al asumir esta actitud, Charlie refleja el sentimiento de millones de personas en el mundo que oponen su dignidad y su capacidad de reír ante los embates de la horrenda seriedad que les comprime el alma; tal vez por este especial carisma de Charlie, éste no ha perdido frescura a lo largo del tiempo, pues su histrionismo es puro, directo, elemental e incuestionable. El humorismo de Chaplin no depende de la agudeza de los diálogos sino que se apoya en actitudes y gestos, por lo que la propuesta es más que una forma de comunicación, es auténtica *empatía,* pues el mensaje parte del corazón del personaje y se recibe en el corazón del espectador, entusiasmado por la risa y caldeado por fuertes ráfagas de ternura.

Roberto Mares

Primeras secuencias de una larga historia

Charles Spencer Chaplin nació en Londres, en 1889, en el seno de una familia dedicada a la farándula, pero en trabajos de segundos o terceros actores del *music-hall*, por lo que vivían en condiciones de extrema pobreza, lo que era menos dramático por el hecho de que la familia era pequeña; Charles tuvo solamente un hermano mayor, llamado Sidney. La pobreza de la familia se agrava con la muerte del padre, quien deja en el desamparo a la madre con dos hijos pequeños. La señora Chaplin, llamada Lily, es básicamente cantante, pero trabaja en lo que le dan en la compañía Gilbert y Sullivan, dedicada principalmente a la clásica *comedia musical* inglesa. Lily era una mujer inteligente y animosa, aunque muy inestable emocionalmente, en un grado de verdadera enfermedad, lo que limita su trabajo en el teatro, por lo que tiene que compensar sus ingresos dedicándose a la costura.

En sus primeros años, Charles asiste a la escuela elemental de Haell, en las proximidades de Ealing, y desde entonces comienza a desempeñar pequeños papeles en aquellas obras de teatro que requerían la presencia de un niño, lo que sin duda es parte de su formación como actor, pero principalmente, en opinión de muchos de sus biógrafos, las condiciones de pobreza en su infancia influyeron en la formación de su carácter, definiéndolo como un hombre rebelde, resentido y sensible a la miseria ajena, lo que más tarde se manifiesta como una tendencia al melodrama, como propuesta que parte de una esencial melancolía e interpreta los temas de la vida como la manifestación de la injusticia.

Apelando al sentido común, nos sería difícil interpretar la figura de Chaplin, y sobre todo su particular humorismo como algo estrictamente histriónico, actuado; la formidable presencia de Chaplin en la escena parte de un principio de autenticidad que no pasa inadvertido para el espectador. Chaplin aparece siempre en la escena como lo que realmente fue: como un niño desvalido, inteligente y sagaz, pero lleno de una profunda tristeza que le es connatural y que se percibe sobre todo en su mirada. Sería difícil imaginarse el arte de Chaplin si éste hubiera nacido en una clase social alta, rodeado de comodidades. Chaplin aparece en la pantalla como un niño triste, pero en la gran cantidad de acercamientos que se hacen sobre su rostro, se percibe una luminosidad en sus ojos, una chispa de sarcasmo inteligente, y un deseo casi perverso de hacer justicia. La mirada de Chaplin es como la de la Monalisa, enigmática y fascinante, tal vez eso explique, en parte, que en todo el mundo se le haya visto, y se le siga viendo, con una especie de compasiva adoración.

Se dice que fue un niño precoz, y lógicamente tuvo que haberlo sido en su ambiente, por lo que su experiencia de la vida resultó acelerada, llevándolo a una precoz madurez, lo que también se percibe en el personaje que encarna. Pero esto no lo lleva a un pesimismo estéril y decadente. Chaplin es un creador de vida y de esperanza: la risa, por melancólica que parezca es su gran compensación, pero también un parapeto desde donde puede lanzarse a la batalla de la vida.

La madre, con sus sacrificios y esfuerzos para salir adelante, debió despertar una gran ternura en un niño tan sensible como lo fue Charles; lo que el propio Chaplin expresa en un pasaje autobiográfico:

Mi madre permanecía en la ventana de nuestra casa horas y horas, mirando a la calle y reproduciendo con sus manos, sus ojos y la expresión de su cara todo cuanto pasaba abajo. Mirándola y observándola he aprendido no solamente a traducir las emociones con mis manos y mi cara, sino también a estudiar al hombre. Las actitudes de observación de mi madre eran realmente prodigiosas. Había visto a Mr. Bill Smith salir por la mañana a la calle; "he aquí a Bill Smith – decía – ; arrastra los pies y apostaría a que se ha peleado con su mujer y se marcha de casa sin desayunar; la prueba es que entra en una pastelería para tomar café y un panecillo".

Invariablemente, durante el día, yo podía comprobar que todo había ocurrido como mi madre lo supuso. Esta manera de observar a la gente es lo mejor que mi madre hubiera podido enseñarme, porque así he aprendido a saber lo que parece risible a los humanos. Por eso, cuando miro desde el público una de mis películas, tengo un ojo en la pantalla y el otro y las dos orejas en el público. Anoto lo que hace y lo que no hace reír al público. Si, por ejemplo, en varias representaciones, el público no ríe en una escena que yo creía graciosa, me esfuerzo en descubrir lo que es falso en el pensamiento, o en la ejecución, o incluso en la fotografía. Con frecuencia oigo una risa ligera suscitada por un gesto que yo no he estudiado; en tal caso aguzo el ingenio para saber por qué esta cosa en particular suscita la risa. En cierto modo, cuando voy a ver una de mis películas, soy un poco como un comerciante que va a observar lo que su cliente compra o hace.

Una vocación histriónica

Cuando Charles tenía once años, su hermano Sidney empieza a trabajar como camarero en un trasatlántico y viaja varias veces entre Europa y América. Este es un empleo que solamente le sirve para sobrevivir, pero en ello no encuentra la perspectiva de futuro ni mucho menos una realización personal, pues de hecho el campo de sus vivencias desde muy niño ha sido el propio de su familia: la farándula. Finalmente, a instancias de su madre y de su hermano, Sidney entra a formar parte de la compañía de Fred Karno, en donde se presenta un espectáculo en el que se hacía una mezcla de circo y comedia musical, y que incluía también la pantomima. Al incorporarse Charles a la compañía, los hermanos logran un buen contrato con Karno y parten juntos a una larga gira por Europa.

Dice el empresario Karno:

Desde hacía algún tiempo, Sidney formaba parte de mi troupe. *En cierta ocasión vino a verme a mi estudio de Camberwell y me dijo: "Quisiera preguntarle si podría hacer algo a favor de mi hermano Charlie. Tiene más talento que yo, aunque no es más que un chiquillo. Ahora trabaja en una pequeña troupe*: The Eight Lancashire Lads".

Charlie había actuado ya. Era un danzarín extraordinario. Se había presentado en provincias, en la obra "Sherlock Holmes", donde no tenía más que un pequeño papel. –Tráigame a su hermano–, le dije..., –para verlo–. Sidney no tardó en presentarse acompañado de un joven melancólico, pálido y triste. Confieso que en un primer momento me pareció demasiado tímido para hacer nada que merecería la pena en el escenario, especialmente en los espectáculos bufonescos en los que me había especializado. Estaba tan delgado como un palillo de dientes. No le di un papel hasta que llevaba en mi compañía dos o tres semanas.

En otra parte de esta entrevista, Karno describe algunos rasgos de Charles que es interesante señalar:

Era muy poco amable. Lo he visto permanecer semanas enteras sin dirigir la palabra a ningún otro elemento de la troupe. Cuando por azar se ponía un cuello postizo, lo adornaba con una gran chalina negra, misma que le encantaba, porque le infundía un cierto aire francés. A veces experimentaba grandes crisis expansivas, pero en su estado normal era taciturno y salvaje. Vivía frugalmente, sentía horror hacia el alcohol y depositaba en el banco la mayor parte del salario que devengaba.

Fue por esos días cuando Chaplin trabó amistad con Stan Laurel, quien también trabajaba en la *troupe* de Karno; juntos recorrieron muchas ciudades inglesas y del continente; pero más tarde tuvieron la experiencia de realizar también una gira por los Estados Unidos, lo que sería trascendente para la vida de ambos cómicos. De aquello nos habla Karno:

Era el año de 1910 y Hollywood era solamente un punto sobre el mapa. Pero ya buscaba cómicos, y ahí sabían que los comediantes de Fred Karno eran exactamente lo que los productores deseaban. Empezaron a hacer ofertas. Esto tuvo por resultado que una vez por mes recibía un cable de mi director comercial diciendo: "X nos ha abandonado hoy por causa de un contrato cinematográfico; envíeme otro comediante". De este modo me vi obligado a reemplazar a dos de mis artistas que me habían abandonado, y tenía que escoger entre Sidney y su hermano Charlie. Sidney era demasiado importante para mí, por lo que decidí enviar a Charlie.

Llamé a la troupe que se hallaba entonces en provincias, y una mañana le dije a Charlie: "Voy a enviarlo a los Estados Unidos, pero deseo que antes de partir me firme un contrato. Usted no ignora cuántos artistas me han abandonado para trabajar con Sennett y otros cineastas de California. Comprenderá que no es lógico que le pague un viaje a los Estados Unidos para que usted me abandone de la misma manera". "No hay peligro – me dijo –, yo no voy a pretender aprovecharme de la situación". Y así fue que se marchó.

Chaplin viaja entonces a Nueva York en compañía de Stan Laurel y otros compañeros de trabajo, para llenar los huecos en el *music hall* y en el teatro, lo que ya era un fenómeno común, y con el tiempo llegaría a ser una verdadera desgracia para el teatro vivo. Chaplin y sus compañeros no encontraron lugar en ningún barco de pasajeros, por lo que tuvieron que viajar en calidad de carga, junto con toda clase de animales, pues aquel barco transportaba ganado. Finalmente llegaron a puerto y Chaplin narra su experiencia:

Siempre me acordaré de mi emoción cuando el barco se acercó a los muelles de Nueva York. Éramos catorce jóvenes ingleses; pero estoy seguro de que yo estaba más emocionado que ninguno. Tuve la súbita intuición de que conocería mi destino en esta tierra nueva. Sentí tan vivamente esta especie de advertencia interior, que no pude evitar el confiarla a mis camaradas con el énfasis y la despreocupación propias de la juventud. Grité mientras señalaba a la ciudad: "¡Alerta, América: vengo a conquistarte!"

En Hollywood

El debut fue en el *Colonial Theatre* de Nueva York, y la temporada pasó sin pena ni gloria. Después de once representaciones, en vista de que su espectáculo pasaba casi inadvertido, los jóvenes ingleses decidieron reponer un *sketch* que había obtenido gran éxito en Londres, y que se llamaba *Una noche en el Music Hall inglés.* En esta puesta la audiencia fue un poco mayor y con este espectáculo emprendieron una gira por las principales ciudades de los Estados Unidos. Durante estas presentaciones, Chaplin se convirtió en la estrella de la troupe, y Stan Laurel tenía el encargo de sustituirlo en caso de que un día cualquiera no se presentara a escena o llegara tarde. Esta previsión del director era lógica, en virtud de que ya desde entonces Chaplin tenía la costumbre de poner en jaque a sus directores, presentándose siempre en el último minuto, como para manifestar su rebeldía y su carácter de estrella.

Pero no fue en ese primer viaje a Norteamérica donde se habría de definir su suerte, sino en el segundo, realizado en octubre de 1912. Desde ese momento hasta nueve años después, Chaplin no volvió a Inglaterra, y cuando regresó era ya uno de los hombres más populares del mundo.

En este segundo viaje, Chaplin es descubierto por el cazador de talentos Mack Sennett, quien dejó el relato de su filiación con el cómico:

Yo tenía entre mis estrellas al famoso comediante Ford Sterling, quien en esas fechas recibía un sueldo fenomenal; pero como toda "vedette" que se precie de serlo me exigía cada vez más, tanto que llegó el momento en que no podía satisfacer sus exigencias y decidí buscar un actor que lo pudiera reemplazar. Mis búsquedas me condujeron al Pantages Theatre, de Los Angeles. Entre los números ejecutados por una tournée *que empleaba al talento poco costoso de un grupo de artistas de segundo plano, me detuve en el trabajo de un comediante.*

Dos meses después, cuando Sterling decidió abandonarme, me acordé de aquel comediante de segundo orden que me había llamado la atención. Yo no sabía dónde encontrarlo, y hasta ignoraba su nombre; entonces envié un cable a mi representante en Nueva York: "Póngase en contacto con un joven llamado Chapman, Chamberlain o algo parecido, que interpreta segundos papeles.

No fue poco el trabajo que tuvo mi representante para encontrar a una persona tan vagamente indicada. Por fin, en una pequeña ciudad de Pensylvania, mi agente cayó sobre Charles Chaplin. Entonces él ganaba cincuenta dólares semanales por trabajar en un vodevil, y cuando le ofrecí ciento veinticinco pareció desmayarse de felicidad. Aunque parezca extraño, hubo un momento en el que me pregunté ansiosamente si había estado tan acertado como lo creía.

Charlie ensayó toda clase de tipos. Entre otros, recuerdo uno que representaba un hombre gordo. Cada uno de estos personajes me parecía falto de importancia. Es necesario señalar que la concepción que en aquellos tiempos había del humorismo en el cine era inflexiblemente estereotipada, esto perjudicó enormemente a Chaplin, quien tuvo que combatir duramente esa tradición.

Ch. S. Chaplin 1913.

En la primera película que hizo interpretó el papel de un vagabundo, nosotros le roga-

mos que lo hiciera según lo acostumbrado; pero él nos suplicó que lo dejáramos hacerlo a su manera: "Si quiere un actor que trabaje de acuerdo con las viejas tradiciones –nos dijo airadamente–, ¿por qué ha venido a buscarme? Por veinticinco dólares puede encontrar un hombre que le haga esa clase de trabajo".

Finalmente cedí. Chaplin preparó cuidadosamente su personaje: un vagabundo en un hotel elegante, lo que era en sí misma una situación estereotipada. Es difícil encontrar un hombre que no haya experimentado este sentimiento de pobreza y de soledad en medio de una multitud elegante y alegre, con la que no tiene ningún contacto y no haya procurado identificarse con esa gente extraña. Charlie trataba de imitar los gestos de cuantos lo rodeaban, ocultando a la vista de los demás los puños raídos de su camisa y tratando de enderezar su viejo sombrero; hacía todo aquello que fue siempre su manera de trabajar.

Estas primeras películas, que Chaplin hace para la compañía *Keystone* no tienen mayor trascendencia. Fue más tarde, en las que hace para la *Essanay,* cuando se despliega ampliamente su genialidad.

Su entrada al cine coincide con el hecho de conocer a una muchacha simple que trabajaba como secretaria en San Francisco, llamada Edna Purviance; ella llegaría a ser una de las actrices más famosas del cine mudo, con la ayuda de Chaplin, quien desde el primer encuentro se enamora de ella.

La carrera de Chaplin se vuelve un torbellino en ascenso y alcanza su punto culminante en 1915. Las empresas productoras se disputan el privilegio de contratarlo, pues su éxito en la taquilla es inusitado. Sólo le han bastado dos años para ocupar uno de los doce primeros puestos de la popularidad en todo el mundo, lo que resultaba asombroso en aquellos tiempos. Archibald Henderson dice al respecto:

A Chaplin le cupo la asombrosa fortuna de tener, gracias a los esfuerzos de la ciencia, un medio de expresión capaz de llegar a todos los seres humanos. La pantalla no es una barrera, sino un medio; no es algo reservado a unos pocos, sino una vulgarización;

La primera película 1914.

el cine mueve a las multitudes, lo mismo que llega al individuo. La lengua en la que se expresa Chaplin ha sido llamada con acierto la "divulgación de las emociones cotidianas". La comedia, sobre todo la comedia de acción mecánica, es en sí misma un idioma universal. Las comedias de Chaplin no necesitan títulos ni explicaciones capciosas: exponen su anécdota sobria y directamente y llegan a la raíz de las emociones primarias a través de la retina. Deleitan y estremecen a los públicos de todos los países, quienes hablan diversos dialectos e incontables lenguas. En cualquier lado, Nueva York o Bombay, Ceilán o la Costa de Oro; ya sea en Siberia o en la Argentina, ahí estará Chaplin, el destructor autómata, el inimitable y entrañable Charlie.

Cuando llega a su fin el contrato con la Essanay, los dueños de esta empresa se esfuerzan por retener al genial cómico; pero las ofertas se multiplican y la Essanay llega a ofrecerle lo que era una cifra estratosférica en esos tiempos: quinientos mil dólares por un solo año de trabajo; pero Chaplin se da el lujo de rechazar la oferta en espera de otra mejor; finalmente, la *Mutual* le ofrece 650,000 dólares anuales, y Chaplin acepta el trato. Con esta empresa realiza doce películas, lo que acrecienta enormemente su popularidad; sin embargo esta es sólo una etapa en su brillante carrera, pues dos años más tarde, en 1918, la *First National* lo contrata para realizar ocho películas por una cantidad global de un millón setenta y cinco mil dólares. Pareciera que Chaplin ha llegado a la cumbre, pero faltan todavía escalones por subir para un artista que no juzga el éxito solamente por el dinero que gana. En su *Historia del cine,* Ángel Zúñiga dice lo siguiente:

Su nombre ahora ya es conocido en todo el mundo; su silueta amablemente ridícula se ha hecho querer de todos los pueblos. No se recuerda otro caso semejante de devoción como el que despierta Chaplin entre los más diversos públicos. Esta condición del éxito, a la que va aparejada una situación económica holgada, hará que cada vez pueda ir el artista imponiendo sus teorías. Es un caso, pues, extraordinario, el de este intérprete genial, quien logra, por única vez en toda la historia del cine, la confianza de los productores, a los que devuelve con abundantes réditos artísticos los elevados intereses con los que ellos sueñan.

Between showers 1914.

Chaplin y Max Linder

Sin duda, Max Linder fue un gran actor cómico, y fue el único a quien Chaplin admiraba y llamaba maestro, tratando incluso de imitarlo al principio de su carrera.

Max Linder poseía una mímica extraordinaria y su gracia era mucho más inteligente y refinada que la de la mayoría de los cómicos de la época. Cuando Chaplin comienza a trabajar en la Mutual parece seguir fielmente las huellas de Linder. En esta etapa protagoniza dos películas en las que no aparece con el atuendo de vagabundo con el que después se le identificaría invariablemente. La influencia de Max Linder se advierte sobre todo en *El noctámbulo Charlie*, y en *El héroe del patín*. En la primera usa monóculo y

Un idilio en el campo 1919.

viste un frac impecable, que era la marca de elegancia de Max Linder, pero también del significado histriónico, de la actitud ante la vida que expresa el personaje de Linder.

Pero Chaplin no tardó en darse cuenta de que ese no era su propio personaje, de que su vehículo de expresión era como aquél borrachín impertinente que había conocido en Londres mucho tiempo atrás y que por alguna razón le había dejado una honda huella:

Yo había visto diariamente a ese tipo en Lambert Walk. Lo seguía y lo observaba. Aquel buen hombre me interesó y él fue quien me indicó el camino hacia el tipo que, al fin, encontré en mí mismo.

Ese camino propio se puede ver en sus películas *El usurero*, *El vagabundo* y *El emigrante*, en donde ya no se le reconoce ninguna influencia extraña. Aquí, Chaplin comienza a dar grandes muestras de su espíritu creador, su rebeldía y aquella preocupación por la problemática social, lo que es un dato de su personalidad y de su trabajo que lo separan radicalmente de Linder. Chaplin trasciende la bufonada como expresión central de su personificación, y también la risa por la risa; a diferencia de Linder, la propuesta de Chaplin es profundamente humana: su personaje es un ser que va más allá de toda convención, un paria sin hogar y sin patria: un vagabundo sin más oficio que andar por la vida. El personaje de Linder es también un ser que se aleja del centro de los convencionalismos sociales, pero se trata de un juerguista, de la "oveja negra" de una "buena" familia. Son dos caracteres humanos bien definidos, y el humor procede de una combinación inteligente de los elementos y las actitudes de los personajes. Charlie, el vagabundo, juega a ser como el personaje de Linder, viste con la misma ropa y pretende actuar como un caballero, pero su ropa es un andrajo, aquel traje que metafóricamente el caballero festivo tira a la basura. Charlie encarna a uno de tantos vagabundos que seguramente vio en su infancia, los que no tienen qué comer ni dónde dormir. Son aquellos que un día tocan a la puerta de una casa rica y tal vez un sirviente compasivo les regala un *jaquet* que ya no le viene bien al amo, un viejo sombrero de "hongo" y un bastón demasiado corto. Así ataviados reanudan su camino en las mismas condiciones que antes, pero ahora sintiéndose menos humillados y menos infelices, pues la pequeña vanidad que produce en ellos el sentirse metidos en toda esa simbología de prestigio y riqueza los induce a soñar en lo que nunca podrán ser. Pero en ellos, igual que en Charlie, el vagabundo, la camisa y las botas revelan su verdadera condición, como presentando el rudo contraste entre el sueño y la realidad. La indumentaria de Charlie se transforma y se aleja de tal manera de la de su maestro Linder que se convierte en su antípoda, en su remedo ridículo, en una parodia que enciende la risa y la alegría, pero que en el fondo tiene un tono trágico. En esta nueva interpretación de un personaje que pareciera chusco en una ligera percepción, Chaplin lleva al humor una propuesta de empatía con los pobres, con los que sufren, trascendiendo con mucho la payasada, para situarse en un tipo de comedia más profunda y evidentemente comprometida con las causas sociales, lo que se vuelve tan explícito en películas posteriores que llegaría a causar problemas a Chaplin.

Max Linder había presentado en la pantalla a un joven que transgrede sus esquemas familiares y sociales por medio de la ridiculización de la rigidez de las formas, que él rompe de manera festiva y cínica. El personaje es estupendo y el actor que lo encarna también, pero las farsas que protagoniza solamente provocan un alegre relajamiento en los espectadores, aquellas interpretaciones podían divertir, pero no conmover.

Max Linder no sólo comprende la grandeza de su pretendido discípulo, sino que la expresa de manera noble e inteligente:

No es difícil, viendo una película de Charlie Chaplin, comprender la suma de trabajo que representa. Sin embargo, por entendido que se pueda ser, es imposible hacerse idea del esfuerzo continuo e inteligente del famoso artista.

Charles Chaplin ha tenido la gentileza de decir que fueron mis películas las que lo decidieron a dedicarse al cine; él me llama su maestro, pero yo me consideraría dichoso recibiendo lecciones de su escuela. Charlie, que es de origen inglés y no francés o español, como se ha dicho, es músico y compositor muy notable. Como no se ignora, posee un estudio construido bajo su dirección en Los Angeles, en el cual produce sus películas con el concurso de su hermano Sidney y de una docena de colaboradores, sólo por lo que hace a la puesta en escena, Charlie filma con una minuciosidad extraordinaria. Naturalmente, su teatro está provisto de todos los elementos de la técnica moderna y de todas las comodidades. Chaplin es un verdadero humorista, ha estudiado la risa y llega a provocarla con una gran precisión; él no deja nada a la improvisación. Repite una y otra vez las escenas hasta que queda satisfecho, pasando y volviendo a pasar los negativos de las películas, para descubrir el defecto o la imperfección que destruye los efectos que se buscan. Es de notarse que Chaplin es más exigente que el espectador más dado a la crítica.

Viendo trabajar a Charlie, nunca me he dado cuenta con más claridad de la poca importancia que debe concederse a la película en sí misma y al número de veces que se imprime. En Francia contamos el número de metros filmados como si tuviera una relación con el metraje de la cinta que ha de entregarse al mercado. En realidad, la única relación hay que buscarla en la calidad del film y en el cuidado que se pone al realizarlo. Para dar una idea de lo que hace Chaplin en este orden de cosas, citaré algunas cifras: Chaplin emplea dos meses para hacer un film de seiscientos metros y utiliza para este fin más de doce mil metros de película negativa, o lo que es lo mismo, que cada escena se ha impreso más de veinte veces; si consideramos también los ensayos y las variaciones que se van haciendo, cada escena lleva alrededor de cincuenta repeticiones.

Es de notarse el hecho de que Charlie no habla jamás en escena y que sus películas introducen pocos títulos. No es preciso que yo ensalce sus cualidades de actor. Basta verlo para que se produzca una gran admiración, e incluso amor.

De lo que se sabe menos es de qué modo la puesta en escena, que él mismo dirige, es felizmente inspirada; Chaplin es un productor reflexivo y extraordinariamente dotado, por lo que sabe construir y utilizar sus películas para poner en relieve sus cualidades y enmarcarlas por la acción exterior. También se han resaltado sus cualidades de observador, pero yo entiendo que no basta ser actor para expresar sentimientos variados, sino que se requiere que la puesta en escena sepa utilizar las aptitudes del intérprete.

En Chaplin, la expresión deseada llega en el momento preciso en que adquiere todo su valor. Del principio al fin, los espectadores de todas clases y de toda mentalidad siguen el desarrollo de su pensamiento hasta en sus más espirituales matices. Por eso, sin querer disminuir el mérito de sus colaboradores, puede decirse en verdad que es a él mismo, actor y director, a quien corresponde el principal mérito de sus éxitos. Sus films han ganado mucho en calidad desde que los ha dirigido él mismo.

Chaplin no deja entrar casi a nadie a su estudio cuando filma, él es muy celoso de su obra; se exaspera a veces cuando ve que, en lugar de crear, los otros cómicos, americanos en su mayor parte, no tratan más que de copiarle y emplean procedimientos de baja índole para rastrear el secreto de sus trabajos.

Su comportamiento conmigo fue de gran deferencia, me invitó a verlo filmar, por lo que puedo decir que no hay tales secretos, sino un gran talento propio y aquel don que la imitación no dará jamás. No hay truco, no hay invenciones particulares, lo que sucede es que Chaplin es muy metódico, muy inteligente, muy concienzudo. Se comprende que trate de guardar su intimidad cuando filma, y sobre todo evadir a sus imitadores.

He observado que ciertos escritores se expresan desdeñosamente de Chaplin, como si el hecho de hacer reír a sus semejantes por medio del estudio psicológico fuese despreciable. ¿No es la risa una de las mejores cosas que puede el hombre manifestar?

¿No es indispensable para nuestra salud moral, para nuestro equilibrio?

Chaplin, director de escena y actor es, a mi juicio, un modelo perfecto para todos los que, queriendo ser artistas de cine, se dediquen a estudiarlo con la intención de comprenderlo bien. Imitar es una prueba de bajeza y de impotencia. Chaplin tiene un traje especial, un físico célebre, una manera, un género. Buscar la razón de sus éxitos, extraer de ellos fórmulas e indicaciones, es aprender el oficio en la mejor escuela.

Estas palabras nos revelan a Max Linder como a un hombre de gran inteligencia y auténtica modestia, capaz de comprender y alabar el mérito ajeno. Poco tiempo después de expresar estos conceptos, Linder se quitó la vida, y muchos interpretan esto como el reconocimiento patético de su derrota frente a quien se consideraba su alumno. Es posible que tal hipótesis sea válida, eso es una forma de especulación morbosa; pero en lo que sí podemos especular con provecho es en la dolorosa sensación de pérdida que pudiera producir en un hombre el reconocimiento de la pobreza intrínseca de aquel arte que él dominaba con maestría y que era el motivo de su reconocimiento.

Escuchemos lo que dice Antonio del Amo al respecto:

No podríamos hablar de la comedia "dramática", en la que no son precisos los cómicos, sin antes ocuparnos de Chaplin. La burda comedia de payasos culmina en él; la fina comedia "dramática", de complicada intriga y sutiles observaciones, él la inicia también. Max Linder fue como su precursor, y Charles hubiese caminado a tientas sin el precedente del cómico francés, y por eso hay que considerarlos juntos al tratar del tránsito de la comedia plástica a la comedia dramática. Años más tarde, Charles se independizó de Max y pudo conducirse solo.

Max, en cambio, con toda su riqueza de matices, no dejó nunca de ser cómico; esto hizo que Charles lo superase y que, aun cuando caminaron unidos durante varios años, llegara un momento en el que se separaran. ¿Se conocen las causas verdaderas de la muerte de Max? ¿Por qué hemos de relacionar casi todas las catástrofes íntimas con el conflicto amoroso? El orgullo de oficio ha llevado a muchos artistas al desenlace trágico. En este sentido, el suicidio fue simbólico en Max. Su esterilidad se acercaba. Los últimos films, rodados en América y en Austria, marcaban una baja notable. Max había dicho en el país del dólar: "Chaplin ha querido asegurarme que eran mis films los que le habían incitado a dar calidad a su cine. Por eso él me llama profesor, de su escuela". Esta sincera generosidad de reconocerse, a su vez, influido por el discípulo, ¿no pudo a su vez convertirse en amarga tristeza cuando vio con toda claridad el destino lisonjero de Chaplin?

En 1918 lo contrató la First National por el famoso millón de dólares. Conservó el tipo de bigotito, el bastón los pantalones anchos y el hongo; pero ya no era Charlie, a quien la gente identificaba con la risa y la gracia, sino Charles Chaplin, el creador de emociones, el director de sí mismo, de él, que seguía siendo Charlie sin serlo, porque en adelante serían dos cosas distintas el cómico y el director. Para él, Max Linder había pasado a ser un hombre adorable, semejante a algo de lo que en tiempos no se supo prescindir y que ahora era innecesario, aunque estimado.

De cualquier manera, a Max Linder le corresponde el honor de haber sido sinceramente admirado y hasta imitado por Chaplin, lo que es en verdad significativo, pues un artista del talento de Chaplin no hubiese admirado a cómicos que no tuvieran realmente un buen caudal de grandeza.

El taller de la risa

Se podría recurrir al modelo psicoanalítico de Freud, o al filosófico de Bergson, para intentar una explicación del fenómeno de la risa; pero ¿quién podría hablar con mayor autoridad acerca de la risa sino aquel que ha hecho reír a más gente durante más tiempo, que ningún otro hombre en la historia? Dejemos que sea el propio Chaplin quien nos devele este misterio:

El hecho sobre el que me apoyo para hacer reír, por encima de todos los otros, consiste, por ejemplo, en poner al público frente a alguien que se encuentra en una situación ridícula o embarazosa. El hecho de que a un individuo se le vuele el sombrero por el viento, no es, por sí mismo, ridículo; pero sí lo es el hecho de que el personaje corra tras el sombrero, con los cabellos al aire y flotándole los faldones del Jaqué. Cuando un hombre se pasea en la calle, no hay por qué reírse; pero colocado en una situación ridícula o embarazosa, el ser humano se convierte en un motivo de risa para sus semejantes. En esto se basa cada situación cómica. Las películas cómicas han tenido siempre un éxito inmediato porque la mayor parte presentaban agentes de policía sometidos a toda suerte de burlas. Las desventuras de estos personajes, representantes del poder e imbuidos de esa idea, hacen reír más al público que si se tratase de simples ciudadanos.

Pero lo que todavía divierte más al público es que la persona ridiculizada no se dé cuenta de su situación y trate de conservar su dignidad. El mejor ejemplo lo da el hombre borracho, quien demuestra que lo está por su lenguaje y sus maneras, pero que quiere convencernos muy dignamente de que conserva el dominio de sus facultades.

Por estas razones, todas mis películas reposan sobre la idea de proporcionarme situaciones embarazosas y ridículas, para darme ocasión de ponerme desesperadamente serio en mis tentativas de parecer un correcto y normal caballero. Así, en cualquier postura que me encuentre, por ridícula y desairada que sea, mi gran preocupación es recoger mi bastoncillo, encajarme mi sombrero duro y reajustar mi corbata, aunque acabe de recibir un golpe que me haya hecho caer de cabeza. Tan seguro estoy de esto, que no sólo trato de crearme situaciones embarazosas, sino que busco siempre colocar a los demás en tales situaciones.

Al proceder así yo trato siempre de economizar mis medios. Quiero decir con esto que cuando un solo acontecimiento puede provocar por sí mismo dos explosiones de risas separadas, lo prefiero a buscar aquéllas con dos hechos separados. En The adventurer *logré esto, por ejemplo, colocándome en un balcón en el que comía helado mientras charlaba con una dama. En el piso de abajo coloco a una señora gruesa, respetable y bien vestida. Entonces, al tomar mi helado, dejo caer una cucharilla que se desliza por mi pantalón y viene a caer sobre el cuello de la respetable dama, quien da un grito y se pone a dar saltos.*

Por simple que esto parezca, hay enfocados en este hecho dos elementos de naturaleza humana: uno es el placer que proporciona al público la burla del lujo y la riqueza; otro, la tendencia del público a sentir las mismas emociones que el actor simula sobre la escena o la pantalla. Una de las cosas que más pronto se aprende en el teatro es que al público le encanta que la gente rica lleve la peor parte, lo que proviene del hecho de que las nueve décimas partes de los humanos son pobres, e interiormente celosos de la riqueza de la mayoría. Si, por el contrario, yo hubiera dejado caer la cucharilla con el helado en el cuello de una pobre mujer de su casa, en lugar de la risa, el suceso hubiera provocado una cierta simpatía hacia la mujer. Si se hubiese tratado de una mujer de servicio, como no tiene ningún aire de dignidad que perder, el hecho no hubiera sido risible. Dejar caer el helado en la espalda de una rica no es, en el espíritu del público, más que proporcionarle justamente lo que se merece.

La calle de la paz 1917.

Al decir, por otra parte, que el ser humano siente las mismas emociones de las que es testigo, quiero dar a entender, tomando el mismo ejemplo al que antes hago referencia, que cuando la dama respetable se estremece de frío, el público, que sabe que se trata de una cosa helada que le cae espalda abajo, siente el mismo escalofrío. La cosa que embaraza al actor debe ser familiar al público, pues de otro modo fallará el efecto. En esto se basa el lanzamiento de las tortas de crema: el público está en situación de apreciar la sensación del actor que recibe una en pleno rostro.

Muchas personas me preguntan de dónde he tomado la idea del género que cultivo. Todo lo que puedo decir es que se trata de la síntesis de muchos ingleses que he visto en Londres, cuando vivía en la gran ciudad. Por el tiempo en que la Keystone Film Company, *para la que hice mis primeras películas, me pidió que abandonara el teatro de Karno, en donde representaba una pantomima inglesa, para dedicarme al cine, vacilé, especialmente porque no sabía qué género cómico podía tomar. Pero al cabo de un cierto tiempo de reflexión, me acordé de los centenares de jovencitos ingleses que yo había visto, con sus pequeños mostachos negros, sus trajes demasiado grandes y sus bastones delgados; entonces me decidí a tomarlos como modelo.*

La idea del bastón fue, quizá, mi más feliz hallazgo, porque el bastón es lo que me ha dado a conocer más rápidamente, y he desarrollado su uso hasta darle al propio bastón un carácter cómico. A veces me he encontrado con que, sin darme cuenta del gesto, hacía reír al público solamente por el hecho de recoger el bastón de entre los pies de alguien. Y cuando entro en escena con mi bastón y mi aire serio, doy la impresión de una tentativa de dignidad, lo que constituye exactamente mi objetivo.

Hice mi primera película para la compañía Keystone, a los diecinueve años, pero es preciso recordar que he trabajado delante del público desde los catorce. He hecho teatro cómico y vaudeville *en el que cantaba y bailaba; terminé por incorporarme, al cabo de algunos años, a la* troupe *de pantomima de Karno. La pantomima es muy apreciada en Inglaterra, y como tenía cierta disposición para el cultivo de ese arte, me consideré dichoso dedicándome a él.*

A la vez que observo al público en un teatro para ver lo que le hace reír, lo observo para encontrar ideas de escenas cómicas. Un día pasaba por delante de un cuartel de bomberos en el momento en que se daba la señal de fuego. Me detuve a observar el trajín que se producía, seguí a los bomberos y los vi maniobrar para extinguir el incendio. En seguida se me ocurrieron toda una serie de posibilidades cómicas. Me vi acostado, ignorando la alarma. Me vi deslizándome por la escalera, salvando a la heroína, cayendo encima de la bomba de agua. Más tarde, todas mis observaciones me sirvieron para hacer The fireman.

En otra ocasión veía una escalera mecánica de un gran almacén y me preguntaba cómo podía utilizar esto en una película. Finalmente lo tomé como la base para Floorwalker. *Mirando un match de boxeo, tuve la idea de* Champion Charlie. *En una palabra, he sacado partido de la vida ordinaria, sea por los personajes, sea por las cosas cómicas. Un día, por ejemplo, estaba en un restaurante y noté que un hombre sentado en una mesa que se encontraba a cierta distancia me saludaba sonriendo. Yo le contesté muy amable. Un minuto después sonrió de nuevo, pero al responderle advertía en él un gesto de sorpresa y mal humor desconcertante. Al cambiar de postura, pude ver que el caballero en cuestión estaba coqueteando con una joven sentada justamente a mi espalda. Mi error me hizo reír y lo utilicé más tarde en* The cure.

Otro punto de humanidad que yo empleo frecuentemente es la tendencia del público a amar los contrastes y las sorpresas. Es bien sabido que al público le gusta la lucha entre el bien y el mal, entre el rico y el pobre; que le gusta, en fin, reír y llorar, todo en pocos minutos. Para el público, el contraste engendra el interés, y por eso me sirvo frecuentemente del contraste.

Si yo soy perseguido por un policía, procuro que el policía sea corpulento y de cara muy severa, mientras yo, deslizándome por entre sus piernas, aparezco ligero y acrobático. Si soy maltratado, es siempre por un hombre colosal, de manera que el contraste con mi debilidad me atraiga las simpatías del público, y siempre trato de hacer contrastar lo serio de mis maneras con lo ridículo del incidente.

Evidentemente, es una suerte que yo sea poco corpulento y pueda, en consecuencia, buscar estos contrastes sin fatiga. Conociendo esta simpatía por los débiles, me arreglo para acentuar mi debilidad levantando y uniendo los hombros, haciendo una mueca lamentable y adoptando un aire fingido. Todo esto, naturalmente, es el arte de la pantomima, pero si yo fuese más alto y más grueso me sería más difícil lograr esta simpatía.

Es preciso que el contraste resalte bien; al final de A dog's life, *por ejemplo, yo soy un campesino. Pensé que el público reiría viéndome en el campo, llevando un grano en el bolsillo para plantarlo en un agujero que haría con el dedo. Encargué a uno de mis colaboradores que buscara una granja en donde rodar mi escena y encontró una que no me serviría, por la simple razón de ser muy pequeña, yo necesitaba una muy grande, en la que se viera más el contraste con mi absurda manera de querer plantar un grano cada vez. Esto sería ridículo en relación con una granja pequeña, pero aplicado a una de veinticinco hectáreas el absurdo estaba más a la vista y hubo un gran éxito de risa.*

En igual rango que el contraste, coloco la sorpresa. No se entienda que busco completamente la sorpresa en la composición general de la película, sino que me esfuerzo por vencer mis gestos personales, de manera que ellos mismos se transforman en una sorpresa. Si tengo la impresión de que el público espera que recorra la calle a pie, doy un súbito salto a un carruaje. Si quiero llamar la atención de alguien, en lugar de darle un golpecito en la espalda o de llamarle, paso mi bastón por su brazo y lo atraigo hacia mí gentilmente. Imaginar lo que el público espera y hacer justamente lo contrario es para mí un verdadero placer.

En una de mis películas, The inmigrant, *al comenzar la escena aparezco de espaldas al público y echado sobre la borda. Los movimientos convulsivos de mi espalda hacen creer que soy víctima del mareo. Si yo lo hubiera sufrido, habría sido una gran falta mostrarlo en la película; lo que hacía, en verdad, era engañar deliberadamente al público, y cuando me incorporo se ve que retiro una caña con un pez y que mis movimientos eran con la caña de pescar en la mano. Es una sorpresa evidente que suscita la carcajada. Hay, desde luego, el peligro de querer ser demasiado cómico. Hacer morir de risa al público es una ambición de muchos actores, pero yo prefiero administrar la risa.*

Frecuentemente se me pregunta si todas mis concepciones se realizan y si es fácil hacer una película cómica. Yo quisiera que los que me interrogan pudieran seguir la marcha de una película desde que se imagina hasta el momento de darla por terminada. Con frecuencia me causa asombro el total de tomas que se tienen que hacer para lograr una sola realización; muchas veces hasta sesenta mil pies de película para obtener los dos mil que llegan al público. Se necesitarían veinte horas para proyectar en la pantalla los sesenta mil pies, y toda esa cantidad enorme de película se imprime para llegar a una proyección de veinte minutos.

Algunas veces me doy cuenta, cuando he trabajado penosamente una idea, de que no ha tomado forma en mi espíritu, por lo que no esta lista para ser filmada, entonces la abandono para pasar a otra, pues yo considero que no se debe perder el tiempo en una cosa que se presenta mal. Es preciso concentrar toda la energía en lo que se hace, pero si por casualidad no se acierta, habiendo hecho uno todo lo posible, hay que abandonar la idea por una temporada, volviendo más tarde sobre ella, si es que se tiene confianza. Este es el sistema que he empleado siempre para trabajar.

En mi trabajo no tengo confianza más que en mi propio juicio. En ocasiones, quienes se encontraban alrededor de la máquina se divertían extraordinariamente con ciertas escenas, y sin embargo yo las he desechado por considerarlas poco interesantes. Y no es porque me crea más fino de espíritu que los que me rodean, sino simplemente porque soy el único que ha de recoger el fruto, en definitiva, bueno o malo. No es posible que ponga en guardia al público, diciéndole al comenzar que a mí no me gustaba la película, pero que mis colaboradores opinaban lo contrario.

Hay otro punto que me induce a no juzgar por la apreciación de los que me rodean. Mi fotógrafo y mis ayudantes están de tal modo habituados a mi trabajo que no se ríen apenas. Sin embargo, si yo me equivoco, se ríen de buena gana, lo que pudiera hacerme creer que encuentran cómica la escena. Esto me ha ocurrido varias veces.

Una de las cosas de que desconfío más es de la exageración o de la insistencia en un punto particular. Si abusara demasiado de mi modo de estar en escena, si exagerase demasiado mi esfuerzo para tirar a un hombre corpulento a tierra, la gente no reiría. Restringirse es una cosa muy importante, no solamente para un actor, sino para todo el mundo. Restringirse el temperamento, los apetitos, las malas costumbres. Una de las razones que me hacen recordar con cariño las primeras películas que filmé es que en ellas era difícil restringirse. Uno o dos pasteles de crema batida lanzados a la cara de un actor hacen reír; pero cuando la risa depende sólo de los pasteles, la película resulta en extremo monótona. Yo no he triunfado siempre, de seguro, gracias a mi método, pero de todos modos prefiero obtener la risa por un acto inteligente que por brutalidades y trivialidades.

Insisto en que no hay ningún misterio para hacer reír al público. Todo mi secreto es el haber estado con los ojos abiertos y con el espíritu atento a los incidentes capaces de ser utilizados en mis películas. He estudiado al hombre porque sin conocerlo no hubiera podido hacer mi oficio. El conocimiento del hombre es la base del éxito.

Chaplin expone con toda objetividad su teoría de la risa y su método para hacer reír, pero lo que tal vez ni él mismo podría explicar es su gran talento, sin eso cualquier técnica o procedimiento serían vacíos e insignificantes. Chaplin, como otros grandes autores, conoce la esencia de su arte, pero la disfraza ante los demás, tal vez como un acto de humildad, o tal vez como un malicioso reto. Cualquiera puede hacer lo que dice aquí Chaplin, pero eso no le revelará jamás el verdadero secreto de la risa.

Un realismo tragicómico

Uno de los aciertos más grandes de Chaplin consiste en haber presentado la parte más desvalida del hombre, su dolor, su miseria y sufrimiento, pero transformada en humorismo. Chaplin es como un psicólogo que no ignora que en lo más recóndito de la naturaleza humana existe una gran dosis de crueldad. Es por eso que la contemplación de las penas del prójimo provocan en la mayoría de las personas una sensación de alegría que fácilmente se transforma en una explosión de risa.

Si el personaje que encarna Chaplin se encuentra constantemente en apuros no es por el simple capricho del artista, él sabe que en esa condición se puede explotar un amplio venero de comicidad. Se podría poner como ejemplo una escena de *El emigrante*, en la que el vagabundo encuentra un dólar en la calle y decide gastárselo en un restaurante, al que entra con un aire de gran seguridad y satisfacción. Como él es un hombre generoso invita a comer a una joven, también indigente, que ha conocido en el barco. De pronto, se da cuenta de que ha extraviado la moneda y se siente agobiado, pues ambos han comido ya abundantemente. Así que el vagabundo comienza a discurrir la manera de salir de aquel atolladero y toda su fisonomía expresa su preocupación, sobre todo porque él no quiere quedar mal con la jovencita, de quien obviamente se encuentra enamorado. Por supuesto, el mesero que les ha servido es un tipo hercúleo y malencarado, quien, para hacer más aguda la angustia del vagabundo (y la morbosa expectativa del público), golpea y expulsa con violencia a un parroquiano que no pudo pagar la cuenta. Charlie se da cuenta de que la moneda se ha deslizado por un agujero que tiene en su raído pantalón, pero con alegría descubre también que el dólar se encuentra tirado cerca de él, por lo que rápidamente lo recoge y lo entrega con gran parsimonia al gorila-mesero, quien observa por un momento la moneda con un aire de gran desconfianza y acto seguido se lo coloca entre los dientes y lo dobla con facilidad, lo que indica que la moneda es falsa; comienza entonces una serie de secuencias chuscas en las que Charlie se desliza con gran habilidad de las garras del mesero.

Una de las principales vetas creativas de Chaplin es precisamente el realismo, pero un realismo tan extremo que llega a lo grotesco y llanamente divertido, como cuando uno se mira al espejo, recién levantado, después de una noche tormentosa. El golpe de la realidad es claro y directo, espeluznante y cómico a la vez, porque no es necesario hacer una auténtica tragedia de lo que es circunstancial y pasajero, y es preferible disfrutar de ello, volviéndolo una experiencia sana, en vez de un motivo para sufrir.

El fugitivo 1914.

Las veleidades de la misoginia

Una de las cosas que todo mundo sabe de Charles Chaplin es que tuvo un erotismo retorcido y mala relación con las mujeres, pero ese lugar común merece un capítulo aparte, y por ello trataremos aquí ese aspecto de su vida, comenzando por decir que Chaplin era un buen lector y admirador del filósofo Shopenhauer, lo que bien pudiera indicar una tendencia a la misoginia; aunque para muchos esto pudiera ser paradójico, dado que Chaplin tuvo muchas amantes y también varias esposas, pero no hay tal paradoja si analizamos con detenimiento la personalidad de cualquier "don Juan", quien puede experimentar con frecuencia el impulso sexual y aun el enamoramiento, sin ver en la mujer más atributo que la belleza y el atractivo sexual, pero concediendo poca o ninguna importancia a los atributos de orden moral e intelectual. Esta tendencia procede de la idea, extraña e inconsciente, de que la mujer es en esencia peligrosa, lo que lo lleva de manera natural al rechazo del matrimonio o cualquier relación duradera, aunque en su desesperada búsqueda de amor recurra al matrimonio, su incapacidad de amar lo llevará siempre al fracaso, sobre todo porque en su patología surge precisamente la necesidad de acercarse al objeto de sus miedos con la finalidad de dominarlos, dominando a la mujer que los provoca; es decir, se casan con mujeres bellas y de gran sensualidad, pero frívolas, ambiciosas y poco inteligentes, mujeres que representan el patrón femenino para ellos, y de las cuales no les es posible enamorarse realmente, sino sólo en apariencia.

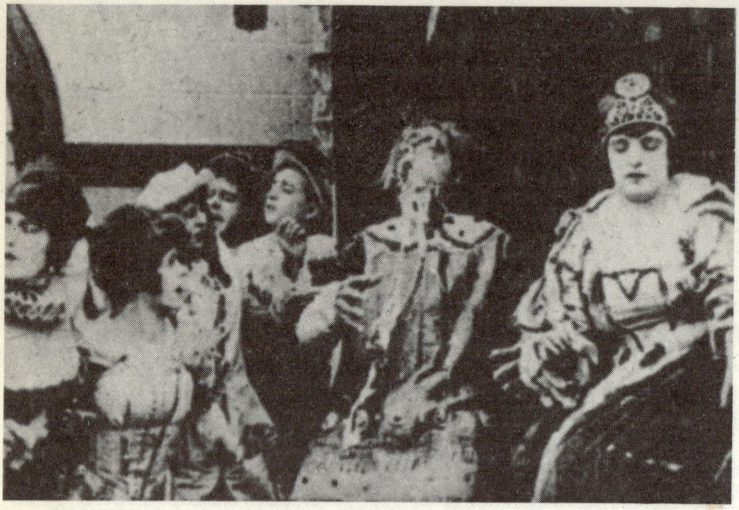

El tramoyista 1916.

Por otro lado, en los sujetos como Chaplin puede darse con facilidad otro tipo de paradoja, en la vida real prefieren siempre a la mujer frívola, erotizada y tonta, pero en sus fantasías se dibuja un ser femenino que es un dechado de virtudes y que pertenece a la esfera de lo inaccesible; es probable que se trate de la imagen de la madre, ya sea real o imaginada, colocada en un pedestal para ser adorada, pero de ninguna manera convertida en amante o esposa, pues eso equivaldría al incesto.

Los hombres con esta orientación misógina son por lo general idealistas y soñadores, de fina sensibilidad y en muchos casos verdaderos artistas. Sin embargo buscan siempre la relación con mujeres que son todo lo contrario, insensibles, vanidosas y totalmente ajenas al arte, y en general al mundo del intelecto.

Decepcionados por no encontrar en la mujer real los atributos con que reviste su fantasía al ser femenino, e irritados al mismo tiempo por el imperativo sexual que no les permite prescindir de la mujer real, se muestran duros y despectivos en su trato con sus amantes o esposas, por lo que tienden a fracasar siempre en sus relaciones.

Pero ocasionalmente el estereotipo de la mujer intrascendente llega a debilitarse, y se fortalece el ideal de la mujer-madre, asociada a la necesidad de ternura y afecto. Generalmente esa trasposición de imágenes llega en el período de la entrada a la vejez, y entonces puede suceder, como en el caso de Chaplin, que el sujeto se decida a relacionarse con una mujer que, siendo real, no traicione del todo a su "dama ideal".

Cuando un hombre con las características amatorias de Chaplin está llegando al final de su accidentada carrera amorosa, y después de infinitos errores y tropezones, se encuentra al fin con ese otro tipo femenino que es totalmente diferente del estereotipo manejado hasta ese momento y de alguna manera se identifica con el ideal personal, entonces puede decirse que ha tenido un gran avance, pues descubre con agradable sorpresa que es capaz de apreciar en una mujer real algo más que la simple satisfacción de un apetito.

En ese estado de madurez, Chaplin se casa por cuarta vez con Ona O'Neill, hija del célebre dramaturgo Eugene O'Neill. A este respecto dice un amigo cercano de Chaplin, Upton Sinclair:

Conozco la historia de su vida y de su matrimonio, y es muy distinta de todo lo que se ha escrito sobre ella. Charlie tiene la idea fija de que en el mundo existe una mujer perfecta para cada hombre, también para él. De lo que sí se ha curado, en cambio, es de la idea de que antes de encontrar a la mujer perfecta, puede uno casarse con una imperfecta.

Monsieur Verdoux

La hipótesis de la misoginia de Chaplin parece bien fundamentada si atendemos a su vida personal, pero en sus películas apenas se encuentran referentes de esta tendencia; en donde sí podemos encontrar rasgos misóginos es en *Monsieur Verdoux,* una rara película de Chaplin en la que se manifiesta la acumulación de resentimientos producto de sus múltiples fracasos amorosos.

Esta película se produjo por sugerencia de Orson Welles, sobre el conocido tema de *Landrú*, el seductor y asesino de mujeres. En esta película se presenta una amplia galería de mujeres: desde la vieja avarienta seca, avinagrada y suspicaz, hasta la esposa dulce y abnegada que sabe llevar con resignación la pesada carga de su invalidez. También se presenta el tipo de la mujer ordinaria y rapaz, llena de vitalidad, ante la cual se estrellan todas las artes seductoras y criminales de Monsieur Verdoux. Por supuesto nos encontramos con un tipo de mujer que no podía faltar: la muchacha ingenua, desamparada, leal y valerosa, que por supuesto habrá de enamorarse perdidamente del hombre comprensivo que le tienda la mano y la ayude a encontrar su camino.

Este tipo de mujer, la jovencita angélica, es precisamente la heroína de todas las producciones de Chaplin anteriores a *Monsieur Verdoux,* y responde perfectamente al ideal femenino de su creador, pues es una mujer que no ha llegado todavía a corromperse y por ahora es un ideal, pero que se presenta como algo efímero, inasible, como sucede en las películas de Chaplin, pues esta mujer ideal se le escapa siempre al vagabundo enamoradizo y soñador.

Monsieur Verdoux 1947.

En *Monsieur Verdoux* se vuelve a repetir el tipo, pero se le agregan nuevas características; una vez más se trata de una muchachita ingenua y desamparada, pero ahora tiene más recursos propios para enfrentarse al mundo, hay en ella una rara firmeza de carácter que no le permite sentarse simplemente a esperar al hombre que habrá de salvarla; curiosamente, ella es capaz de solucionar sus problemas sin la intervención del varón. Otra propuesta extraña en la obra de Chaplin es que la muchacha, a pesar de ser bonita y de una ternura exquisita, está dotada de una gran inteligencia y muchas de las ideas que expresa a lo largo de la película, en la mentalidad de Chaplin se acercan más a las ideas de un hombre que a las de una mujer.

Recordando algunas de las escenas más significativas de la película, la muchacha, que está a punto de ser víctima de Monsieur Verdoux, se salva de la muerte gracias a una extraña situación: Verdoux comienza a interesarse por ella al observar que lleva un libro, y resulta que se trata de una obra de Shopenhauer (filósofo preferido de Chaplin, tal vez por su antifeminismo); con este descubrimiento de los intereses intelectuales de la joven, Monsieur Verdoux comienza a interesarse en ella y va descubriendo que no tiene nada en común con sus otras víctimas, por lo que decide perdonarle la vida e incluso ayudarla. Su cambio de actitud llega al extremo de despedirse de ella con un beso en la mano.

Los impulsos criminales de Monsieur Verdoux, y su implacable furia en contra del sexo femenino, de pronto se transforman en deseo de ayudar, y lo que es en verdad extraordinario: en admiración hacia la muchacha.

En esta película, Chaplin rinde homenaje a su dama ideal, a ese tipo de mujer a la que él mismo podría amar y admirar. Para todas las demás no hay más que desprecio, y los hornos crematorios de Monsieur Verdoux.

Con respecto al tema de la patología chaplinesca, y la proyección de la misma en esta película, Ramón Gómez de la Serna escribió un artículo analítico, incluso antes de que la película se filmara en España se le llamó Charlot a Chaplin:

A través de sus andanzas y sus intervenciones, lo que más ha hecho sufrir a Charlot *son las mujeres, sus amores aciagos: Mildred Harris, Edna Purviance, Lita Grey, Paulette Goddard. A lo que ha tenido un verdadero horror ha sido a los divorcios, a actuar frente a la mesa alta del juez y acercándose a la butaca de la declarante oír que le tachaban de crueldad y de avaricia. Lo que le quema en su carnet último es esta lista de mujeres y la suma de las indemnizaciones y los "alimentos" que les asignaron los tribunales. A veces grita otra cosa por no gritar la verdad, y a una la acusa de querer dedicar a sus hijos al cine: "No, no –grita– ... mi padre fue cómico de la lengua, mi madre actriz de music hall. La madre de mis hijos actriz de teatro y cine... ¡Basta! ¡Prohíbo que mis hijos se dediquen al cine!"*

El "complejo" de Charlot se vuelve más complejo, y por salir de él va a filmar una nueva versión de la gran leyenda de Barba

Azul. Un sentimiento interior de represalia incumplida va a hacerle mimar esa parodia del celebérrimo cuento.

La obsesión de sus mujeres puestas en fila, siempre frente al sofá en el que se recuesta, le ha hecho pensar en realizar un sentimiento insatisfecho, el de asesinarlas una tras otra como lo logró hacer Barba Azul. No tuvo atrevimiento para hacerlo realmente en la vida, además de que las leyes castigan eso muy rigurosamente; pero lo va a realizar en el campo de la simulación, donde hay vigas imaginarias para colgar imaginariamente cinco, seis, siete mujeres, más si es necesario.

El gran bufo trágico realizará esta película de un modo admirable, por eso, por el complejo interior que le lleva a desahogar su corazón por fin; después descansará como un Barba Azul afortunado en su último amor, el que ya sólo tendrá la indemnización de la herencia.

Ha sido el primero de los "hombres perdidos"; era el extraviado que tropezaba con todo y comenzó a tantear la vida con un bastón blanco de ciego. Era una pantomima claudicante y tímida en un mundo cínico; pero a veces tropezaba con una mujer bella. ¡Y el público se reía del hombre perdido!

En efecto, el público se reía, pero sin mala intención y un escaso margen de morbo y crueldad, pues una especie de instinto le hacía ver que Chaplin no habría de sentirse irremediablemente desgraciado por el hecho de que esta mujer bella con la que constantemente tropezaba acabara por alejarse de su vida, esto no pasaba de ser un incidente desafortunado en una trayectoria llena de grandes proyectos y realizaciones espléndidas. Entre sus sueños largamente acariciados, figuraban cosas más importantes que la conquista de una bella mujer.

Una mujer de París

A finales de 1922, a pesar de que no había terminado de filmar *El peregrino*, comienza una nueva película: *Una mujer de París*, que fue terminada diez meses más tarde.

Su primer título fue "La opinión pública", y después pensó llamarla "Destino"; pero finalmente se decidió por "Una mujer de París", tal vez para no causar una irritación en el público norteamericano o para dar a entender que en el fondo su película no entrañaba una crítica a la moral norteamericana, lo que no era una precaución gratuita, pues finalmente la propuesta de la película sí produjo estragos en la sensibilidad americana, tanto que fue prohibida en quince estados de la Unión.

El peregrino 1926 con Wack Swain.

En la edición norteamericana, la película comenzaba con el siguiente epígrafe:

La humanidad no está formada por héroes y traidores, sino simplemente por hombres y mujeres, y las pasiones que los impulsan, buenas o malas, es la naturaleza quien se las ha dado. Los seres humanos caminan a ciegas. El ignorante condena sus faltas, pero el sabio se compadece de ellos.

Chaplin no actuó en esta película, pero escribió el argumento y la dirigió, poniendo en ello un gran entusiasmo, como expresa en una entrevista:

Una mujer de París *será la obra más importante de mi carrera. Ya sea que resulte un éxito o un fracaso, siempre quedará en ella algo original por lo que se refiere a la interpretación y también a la manera de presentar la acción.*

En cuanto a la técnica narrativa, la cinta contiene elementos novedosos para la época, pero lo verdaderamente importante es la penetración psicológica en los personajes y el dramatismo del contexto en el que se mueven.

El tema de *Una mujer de París* es en realidad bastante sencillo: Jean Millet y Marie Saint-Clair son dos jóvenes que se aman intensamente, se ven separados por varias circunstancias, y tienen que seguir diferentes caminos, pero deciden encontrarse en la estación de un pequeño pueblo para despedirse. Marie espera a Jean inútilmente, pues él no se presenta a la cita. Al cabo de un año, en París, Marie, que es una mujer atractiva y de carácter débil, se ha convertido en la amante de un hombre muy rico y totalmente insensible al dolor ajeno.

El destino vuelve a reunir a Jean y Marie, quienes siguen amándose y desean estar juntos; pero una vez más las circunstancias los obligan a la separación. Jean termina suicidándose y Marie regresa a su vida vacía, al lado de su protector.

Como se comprenderá, el tema de esta película es totalmente convencional, como lo es en realidad el de todas las películas de Chaplin. El valor de ellas reside en la habilidad con que está planteado y resuelto el drama y en las reacciones psicológicas de los personajes, quienes son presentados como seres humanos y no como estereotipos, aunque a través de ellos se maneja el discernimiento, e incluso la crítica, de los valores sociales que configuran el drama que ellos viven.

En París, Georges Petit escribió sobre la cinta :

Si examinamos de cerca la película, lo que nos sorprende sobre todo es su crueldad. Se señala sin concesiones la cobardía y la bestialidad humanas. Todo está denunciado. Es una bofetada magistral a los hombres, a la sociedad, a la vida.

La cinta fue estrenada en 1923 y su efecto en la taquilla fue más bien negativo, pero el efecto social fue muy amplio, pues la película suscitó una gran polémica, sobre todo en los Estados Unidos en donde incluso se prohibió su exhibición en muchos estados. Los tres papeles principales estuvieron a cargo de Edna Purviance (Marie), Adolphe Menjou (Pierre Revel, el amante de Marie) y Carl Miller, quien hizo el papel de Jean Millet.

Es de suponerse que el efecto de esta película había sido anticipado por Chaplin, seguramente él quería escandalizar con su obra, tal vez por ello el título original: "La opinión

El balneario 1917. Con Edna Purviance.

pública". Esta obra fue provocativa y amenazante para las "buenas conciencias" americanas, pero también fue percibida como una propuesta valiente y justa para la gente liberal de los Estados Unidos. Desde luego, esta película no alcanzó el éxito comercial de las anteriores, a lo que Chaplin comenta:

No es porque se trate de una película demasiado analítica, sino porque no deja ninguna esperanza en su desenlace. Es simplemente la vida. El público desearía ver al joven salvado del suicidio, y a la muchacha volviendo a él, con la perspectiva de una vida dichosa para el futuro.

Jamás he intentado imponer el silencio al público, del mismo modo que nunca he tratado de engatusarlo o de darle "gato por liebre".

He procurado huir de lo que creo que son los gustos del público. Prefiero mi gusto personal, como expresión de lo que el público espera de mí.

Los grandes artistas, como Chaplin, no hacen "mercadotecnia", hacen arte, y Chaplin consiguió imponer un arte como el suyo, en el que no se hacen concesiones al espectador. Esa norma fue aplicada a *Una mujer de París*; pero, como es natural, esta cinta no tenía el atractivo de la presencia de "Charlie el vagabundo", por lo que no pudo conquistar el gran público. En realidad esta era una cinta para minorías, pues resultaba un plato demasiado fuerte para las grandes masas, acostumbradas a los platillos dulzones y anodinos que habitualmente les presentaba Hollywood.

Este nuevo "lenguaje cinematográfico" causó una gran impresión en los cineastas de aquella época y abrió el camino para lo que sería un cine auténticamente literario, un cine que rebasa el mero entretenimiento y se lanza a la propuesta de una interpretación filosófica de los hechos de la vida. En literatura se distingue entre *la historia* y *el argumento*, considerando que la historia es "lo que se cuenta", y el argumento es el "para qué se cuenta", es decir, lo que se argumenta, lo que en el fondo se quiere decir con la historia. En realidad, el cine de Chaplin es argumental desde un principio, pero se trataba de una argumentación implícita en el personaje y en las situaciones que vive. En *Una mujer de París,* Chaplin prescinde de su propia imagen y se convierte en un verdadero argumentista, pero encuentra varios planos de argumentación, que van desde el señalamiento de la hipocresía en los valores de la época, hasta propuestas filosóficas de gran profundidad, como el humanismo y el esteticismo. Escuchemos lo que él mismo dice al respecto:

He adaptado esta historia a la pantalla para poder expresar la belleza de la vida, condensar sus minutos en intensa emoción y llegar a distraer al público. Después de todo, ¿qué es lo que se busca en la vida si no es la belleza? Belleza de alegría, belleza de lágrimas. La belleza existe en todo, en el bien y el mal, pero sólo los artistas y los poetas saben encontrarla. Un cuadro representando a un naufragio en alta mar, otro a san Jorge y el dragón, nos parecen, por su fondo, terroríficos, pero nos transportan al punto de vista del dibujo y de la arquitectura. El análisis del asunto hiela el corazón. El sentido artístico ilumina el alma de belleza.

El fin del cinematógrafo es transportarnos del mundo en que vivimos al reino de la belleza. Esto no puede ser alcanzado sino acercándose mucho a la verdad. Para distraer al público es preciso convencerlo con realismo. En "Una mujer de París" hice cuanto pude por dar vida a mi historia. Dar la vida, no solamente a héroes y traidores, sino a seres humanos, hombres y mujeres, actuando con toda la pasión que la naturaleza les ha dado.

Mucho tiempo después, el escritor y crítico de cine René Clair, dice en su libro *Réflexion Faîte:*

Desde que Charles Chaplin hizo "La opinión pública" (el título francés) *ha pasado más de un cuarto de siglo, en el curso del cual han sido realizadas aproximadamente unas quince mil películas. No obstante, La Opinión Pública es todavía una rareza extraordinaria. ¿Por qué? Por su verdad psicológica. Son escasos los films cuyos personajes no parezcan haber sido sacados del armario de los convencionalismos. Se debe a ese carácter de verdad el hecho de que "Ladrón de bicicletas", de Vittorio de Sica, proceda de Charles Chaplin y, particularmente, La Opinión Pública.*

La película citada por Clair, muestra del "neorrealismo italiano", es una de tantas que tienen su origen en el nuevo lenguaje del cine propuesto por Charles Chaplin. El hecho de haber sido uno de los pioneros del cine actual, no sólo en su actuación, producción y dirección, sino también en la propia conceptualización del cine como un arte verdadero, es algo que no se le ha sabido reconocer con suficiente énfasis.

Un hombre de buena fe

No son muchos los artistas, y sobre todo los cineastas a quienes se les pueda atribuir en justicia el ser hombres de "buena fe". Pero en Charles Chaplin esta virtud se puso de manifiesto desde las primeras cintas en las que ya pudo tener el control de la producción, de manera que pudo decir lo que quería, y no solamente lo que era conveniente en términos comerciales; de hecho, Charles Chaplin es el primero que hace "cine de autor".

Tal vez el ejemplo más claro de la buena fe de Chaplin sea la película *Tiempos modernos*, o por lo menos es aquella en la que se identifica con mayor claridad el mensaje de

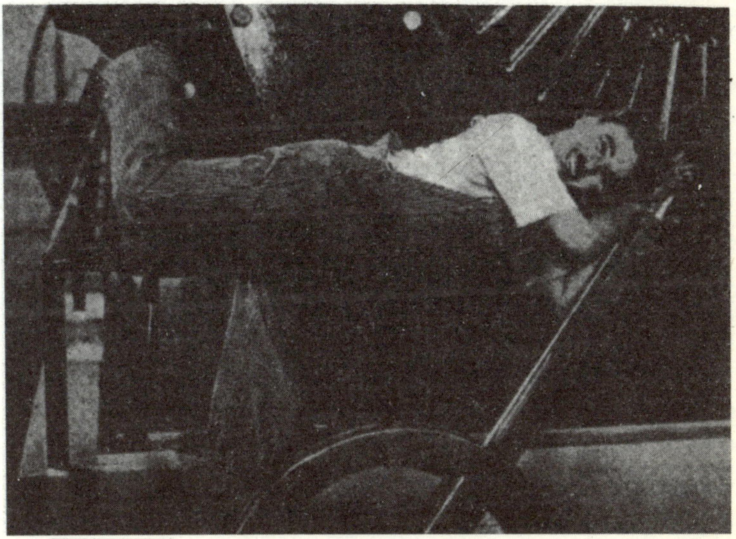

Tiempos modernos 1936.

conciencia social que, sin embargo, está presente en toda su obra.

En *Tiempos Modernos,* Chaplin quiere poner ante los ojos del mundo algunas de las tristes realidades que ensombrecen la vida contemporánea. Esta cinta no es solamente una aguda y violenta sátira de la automatización y de lo que esto conlleva, sino sobre todo de la pobreza y la desesperación que se comienza a sentir en aquellos tiempos "modernos", en los que la producción maquinizada y eficientista comienza a desplazar al hombre, con lo que se habría de producir la llamada "depresión" económica que arrastró al mundo a la miseria y a la guerra.

El tema de la película era ya objeto de preocupación en todos los campos de la cultura norteamericana, pues la *inteligencia* no podía dejar de ver el fenómeno de la hiperproducción, la futura caída de los mercados y la consecuente miseria para la población. No obstante, el tratamiento de ese tema, y sobre todo su exposición pública, no rebasaba el tono de "panfleto"; sin embargo el gran cineasta logró despojarlo completamente de ese lastre, destilando el tema hasta extraer de él solamente la sustancia humana, y en particular su esencia humorística. El tratamiento es en apariencia muy ligero y básicamente cómico, pero su argumento, lo que dice en el fondo, es de un dramatismo feroz.

En esta cinta se nos presenta un nuevo Chaplin, no ya el vagabundo histriónico, sino un obrero que lucha constantemente para defender su individualidad y su condición de ser humano; el obrero que encarna Chaplin es un ser que ama la libertad por sobre todas las cosas (lo que bien pareciera la añoranza de su condición de vagabundo); él prefiere caminar por el campo en una mañana de sol, aunque sea con los bolsillos vacíos, a trabajar como un esclavo moderno, sujeto a toda clase de automatismos que lesionan su dignidad. En el fondo, este personaje se niega obstinadamente a que el sistema capitalista reduzca todos los ámbitos de libertad, hasta convertirlo en un ser profundamente desdichado. Él sabe perfectamente cuál es el precio que habrá de pagar por la opción de ser libre: será nada más que un vagabundo que tendrá que renunciar estoicamente a las comodidades de la vida burguesa, o incluso a las muy modestas del asalariado; pero todo lo acepta gustosamente, porque él está hecho para la libertad, aun en las condiciones de aguda indigencia a la que está expuesto a causa del orden en el que se encuentra inmerso.

La historia es, como en todas las cintas de Chaplin, muy simple, por lo que el espectador inteligente tiene que centrarse en el argumento, que es extraordinariamente conmovedor. Se trata de un hombre que es capaz de conformarse con muy poco, y obtiene ese poco sin esclavizarse, prestando pequeños servicios donde y cuando se le presenta la oportunidad; aunque el caso es que este personaje es un vagabundo por necesidad, pues no logra encontrar un trabajo estable, lo que nos refiere directamente a las condiciones reales de la crisis económica que se vivía en todo el mundo industrializado.

En diversas ocasiones, el vagabundo va a parar a la cárcel, y Chaplin nos presenta a su personaje tranquilo y evidentemente satisfecho de haber resuelto su problema del sustento, aunque el precio sea estar en una celda; pero el personaje proyecta un aire de libertad interior aun estando encerrado: echado en un camastro, lee con fruición una revista y escucha el delicioso trino de un ruiseñor; seguramente no es casual que en una de las paredes de su celda cuelgue el retrato del presidente Lincoln, el libertador de los esclavos.

Cuando le comunican la orden de libertad, no parece alegrarse mucho, sino todo lo contrario, sin duda recuerda la miseria que le espera en la calle, en su condición de desempleado irredento. Sucede entonces que este hombre que ama la libertad por sobre todas las cosas pregunta con su elemental ingenuidad: "¿No podría quedarme un poco más de tiempo?... aquí me encuentro perfectamente."

Esta escena nos presenta una dolorosa realidad, puesta en evidencia por la agudeza del humorismo. La gente ríe a carcajadas con las peripecias que le ocurren al vagabundo convertido en obrero en el curso de toda la película, pero la verdad es que Chaplin tenía una fuerte argumentación en mente y la sabe expresar con maestría en cada una de las secuencias; y la mejor manera de hacer fluir ese argumento es revestirlo de un ropaje alegre, huyendo del panfleto, de los pesados sermones y de las inútiles lamentaciones. La expresión de la sensibilidad demasiado directa se convierte en sensiblería para las grandes masas; esto no sirve, la gente se conmueve por un instante y se aburre el resto de la película. Lo que quiere la gente es divertirse, pues la vida es dura, y si la vida es en verdad dura, la única salida es la catarsis de la risa, pero también la necesidad de abrir un camino hacia la conciencia por medio del humorismo.

La creación de Chaplin es de alto humorismo y él la realiza con un sorprendente conocimiento de lo que hace, con un gran dominio. Otro gran humorista, y también hombre de buena fe, fùe Bernard Shaw, y dijo una vez que los grandes públicos son como los niños, hay que darles un dulce junto con la purga. En *Tiempos Modernos*, Chaplin tiene que endulzar mucho al público, pues el trago que representa el tema es demasiado amargo.

Las condiciones de vida que se reflejan en la película son algo en verdad sombrío y deprimente. En ella se nos presenta el "taylorismo" llevado al extremo de poner en práctica un aparato que alimenta al obrero de manera automática sin que éste deje de trabajar; se nos presentan hogares en los que impera la miseria y el hambre porque la única mercancía con la que cuenta el padre, su fuerza de trabajo, ya no vale nada en el mercado; se nos presenta una muchachita astrosa y hambrienta que merodea por los muelles en espera de la oportunidad de poder robar algo de comida; se nos presenta una nave industrial que hubiera podido ser visitada por el Dante en su paseo por el infierno, y en esta fábrica los obreros pasan la mayor parte de su día colocando tornillos delante de una banda sin fin; se nos presenta también a las fuerzas represivas del sistema, representadas por guardianes robustos y simiescos, siempre dispuestos a disolver con inusitada violencia cualquier protesta; se nos presenta un gran empresario que maneja un ingenioso dispositivo con el que puede fiscalizar en cualquier momento el trabajo agotador de una gran cantidad de empleados que tiene a su servicio y que dan la impresión de ser esclavos; se nos presenta una dama de clase media, con avinagrado aspecto de solterona que, guiada por un odioso "sentido del deber", denuncia a la infortunada muchacha cuando ésta roba un mendrugo de pan; se nos presentan huelgas, disturbios, y las violentas respuestas que dejan una secuela de víctimas... y mientras todo esto se presenta con toda crudeza, los espectadores ríen a mandíbula batiente y se divierten como enanos.

Pero también se nos presenta el amor y la ilusión. La muchacha astrosa y hambrienta tiene unos bellos ojos de mirada radiante y un rictus de ternura en todo su rostro. Por supuesto, el vagabundo desempleado se enamora de ella y comienza a fantasear en un idílico futuro; entonces el espectador también comienza a vivir la fantasía, porque el vagabundo proyecta en imágenes el ambiente en que vivirá con la mujer amada. Entonces todo se convierte en una sátira de la vida burguesa que resulta muy divertida para el público, sobre todo cuando se confronta con la crudeza de lo que realmente podría suceder a la feliz pareja en medio de la depresión económica.

En Tiempos modernos, Chaplin presenta imágenes llenas de ternura, y además, a diferencia de otras cintas, en esta película la golfilla de los muelles sí corresponde al amor del vagabundo y es capaz de seguirlo por un camino que es a todas luces incierto.

El final de la película es relativamente optimista; el vagabundo no se va solo esta vez, y la mujer que lo acompaña ha demostrado ser leal y valerosa. En la trama se hace entender que ellos son dos seres acorralados por la vida, duramente vapuleados por unas circunstancias adversas, unidos por la miseria y el desamparo, plenamente identificados por un ardiente deseo de seguir viviendo a pesar de las condiciones que imperan en la realidad. Entre ellos puede seguir un amor destinado a perdurar porque no tendrá tiempo de marchitarse en el aburrimiento y la molicie de una vida burguesa.

Tal vez por formación, más que por una opción personal, a Chaplin le gusta más el género cómico que el trágico; pero su inteligencia y su sensibilidad lo inducen a presentar la realidad con esa dosis de amargura que le dicta su conciencia, si no fuera por ello, Chaplin hubiera sido un gran cómico, como su admirado maestro, Linder, pero nada más. El ingrediente político en la obra de Chaplin y su compromiso moral con las mayorías lo hacen llegar a una altura en la que muy pocos cómicos pueden respirar a gusto, porque les falta el oxígeno que da el talento asociado al humanismo.

La obra de Chaplin se mueve entre la risa y la conciencia social, con un balance muy especial; sobre esto escribió Ramón Gómez de la Serna en uno de sus ensayos sobre el "Charlotismo" (en España se le llamó *Charlot* a Chaplin):

El Charlotismo ha sido una ráfaga de fantochada de la época, la época del humorismo extravasado y de la quiebra de la seriedad de burro que caracterizaba al mundo y que ahora aún le caracteriza en gran parte. El Charlotismo es algo así como el baile de un hombre solo en medio de las vanidades y las fiestas engoladas del mundo. Con ese baile ha conseguido hacer un hombre solo una revolución de gran tribuno, una revolución que comienza ahora a ser interpretada y que se reanudará y seguirá su obra en los cuadros de un nuevo pintor, en las obras de un autor menos cazurro que casi todos los que nos rodean; en las pantomimas de una compañía inédita.

Charlot patina 1916 con Eric Cambell.

Charlot recoge, por decirlo así, la gracia absurda de unos tipos azarados, tímidos, a los que nunca favorecen las circunstancias cuando se deciden a ser graciosos y a los que la burla pone la levita al revés. Charlot distinguió la gracia por la vida, la gracia aplastada, la gracia sin atrevimiento, y realizó con toda desfachatez los movimientos incongruentes que nadie se hubiera decidido a realizar, aunque estaban en un hormigueo especial que corría por todo el cuerpo.

Es que ha encontrado en toda su nitidez, con toda justeza, ese tipo elemental de toda una época, el hombre que ya no es un bufón, porque está muy sobre sí, muy cuidadoso de qué dirán; pero que por azoramiento, por casualidad, por un error, hace la gracia de los bufones. Esa gran dignidad en el desacierto que simula Charlot es el gran éxito de sus peripecias de desgraciado, de atrabancado, de nervioso del bastón. Charlot, con su gran seriedad de hombre temeroso, intimidado, que se equivoca, que da traspiés, y queriendo ser tan caballero que se apoya por distracción en el seno de una señora con quien habla, es el transeúnte gracioso más que el cómico divertido, es un cualquiera más que un profesional, es ese falso espectador sobre el que cae el clown *en los circos y cuya turbación divierte más que todo el espectáculo.*

Cada vez es más único y más viviente Chaplin, porque no ha surgido después de él quien levante la esfera inmensa del cine cómico, a pulso, solitariamente, sin cómplices, sin hermanos, sin excesiva tramoya.

Charlot es el ser que desconcierta porque no ha querido engalanarse con la lujosa comicidad del Augusto, sino que ha querido imponer su silueta de pobre, de neurasténico, de tímido, de verdadero claudicante, pues él fue el primero que usó el bastón blanco de los ciegos.

Podría llegar a decirse de él que es el nuevo Quijote. Siempre recaba su independencia y su modestia y dice que sólo ha querido representar a un hombrecillo, tropezando con las patas de las sillas y las patas que los malos de la vida extienden cuando pasa junto a ellos.

Lo más saludable de la vida – ha declarado él – es reírse hasta de las cosas más trágicas; si es posible, debemos reírnos hasta de la misma muerte.

El nuevo caballero de la triste figura, con algo de parado perpetuo que se mueve perpetuamente, quiere entender al mundo, para que tenga más caridad, y provoca la misericordia desternillante. Quiere elevar al pigmeo, al pobre hombre visto desde lo alto de un rascacielos en la acera de la calle; al hombre que no ha comido en medio de una sociedad de burgueses atareados y gananciosos. Se pega a una esquina para que no lo atropellen, para que no lo ignoren, para que no lo pongan como el último en el fajo de billetes de sus especulaciones. Solitario, temeroso, mirando a un lado y a otro para que no le pase por encima un ómnibus o se lo lleve detenido la policía por vagabundo; Charlot compone sus películas como si fuese un cirujano de sí mismo.

Esto último es en verdad revelador, Chaplin compone sus películas como si fuera el cirujano de sí mismo, lo que equivale a decir que es un hombre de buena fe en el más amplio sentido de la palabra.

En defensa del silencio

Todo mundo sabe que Chaplin fue un gran enemigo de las películas sonoras, y es lógico pensar que este avance técnico del cine significaba para él un verdadero peligro; pero en vez de especular sobre el caso, dejemos que sea el propio Chaplin quien nos dé su punto de vista, en una entrevista con Gladys Hall:

Yo detesto los "talkies"; han venido a adulterar el arte más antiguo del mundo: la pantomima. Empequeñecen la gran belleza del silencio y destruyen el edificio actual, creado para la pantalla, este movimiento que ha dado lugar a las estrellas, *los cinéfilos, la inmensa popularidad del cinema, la llamada de la belleza. Porque lo que importa más al cine es la belleza. La pantalla es pictórica. Imágenes: amables y bellas jovencitas, jóvenes apuestos en escenas adecuadas. Usted dirá, tal vez, que ellos no saben actuar. Evidentemente carecen de talento; pero, después de todo, ¿qué importa?*

Yo prefiero, desde luego, ver a Dolores Costello, pongamos por ejemplo, en un papel cualquiera, que a una actriz de teatro entrada en años cuando recita un diálogo con grandes aspavientos...

Belleza, belleza y sex-appeal. *Estos son los dos elementos que hacen del cine lo que es actualmente. Estos son los dos atractivos que han llevado al público a frecuentar las salas oscuras, y eso es lo que la gente desea y de lo único que se preocupa.*

De ninguna manera utilizaré la palabra en mi nueva película "Luces de la ciudad". No la utilizaré jamás, eso sería fatal para mí. Yo me serviré del sonido, eso sí, del acompañamiento musical sincronizado y registrado. Esto es una cosa distinta, y de una importancia y un interés estimables. Muchas personas que no han podido escuchar la verdadera música, podrán en lo sucesivo escucharla en el cine.

La película hablada ataca la tradición de la pantomima que hemos tratado de establecer con tanto esfuerzo en la pantalla, y con arreglo a la cual debe ser juzgado el arte cinematográfico. La película hablada destruye toda técnica que hemos adquirido. El argumento y la continuidad se someten a la palabra, para permitir una reproducción exacta de los sonidos que la imaginación del espectador puede entender. Insensiblemente, nuestra actuación se convierte en una forma de arte reconocido; los actores no ignoran que el objetivo capta, no palabras, sino pensamientos, pensamientos y emociones. Los actores han aprendido el alfabeto del movimiento, la poesía del gesto; ahora bien, el gesto comienza donde la palabra termina.

Las emociones externas del alma son mudas, instintivas, grotescas, o de una inefable belleza. Piense usted en el asesino que se destroza a sí mismo al verse ante el jurado. Piense en la madre que besa la manita del niño que tiene en brazos.

El cine no tiene ninguna relación con el teatro, quienes así lo crean, se equivocan. El cine es absolutamente original. En mi película Fiebre de oro *pongo en juego una almohada; las plumas blancas danzan sobre la pantalla negra. En el teatro sería imposible conseguir ese efecto. Por lo que se refiere a la vivacidad de la escena, ¿qué hubieran podido añadir las palabras?*

El arte cinematográfico se asemeja a la música más que ningún otro. Cuanto más trabajo en él, más me sorprenden sus posibilidades y más seguro estoy de que en la actualidad todavía no conocemos casi nada de este arte.

Los productores afirman que el público está cansado de las películas mudas y reclama películas habladas, películas en color, películas estereoscópicas. Los productores mienten, y lo saben; lo que el público exige es la diversión para la noche.

No puedo soportar las canciones filmadas ni los aguafuertes en colores. Con el teatro poseemos una forma de arte perfecta en tres dimensiones. Si llevamos obras teatrales a la pantalla, el film

Una vida de perro 1918.

hablado se convertirá en un remedo del teatro... o peor todavía: en un sustituto del arte teatral. Convertido en parodia de un arte más antiguo y más grande, no tendría más valor que el de una copia pictórica de un viejo maestro. No sería más que un desdichado facsímil elaborado gracias a la perfección de un sistema mecánico.

Las recaudaciones obtenidas por el film hablado, El loco cantor, *han producido un desequilibrio provisional en la industria. Los productores, los explotadores del negocio, suponen que se puede recomenzar indefinidamente. Se transforman los estudios completamente, se dispone de nuevos escenarios, se instalan aparatos de registro de sonido, todo para explorar la locura del momento. Sin embargo, mi fe en el cine silencioso permanece intacta.*

Debo el éxito –estoy seguro de ello– a mis dotes de mimo. No he venido a la pantalla procedente del drama serio, como ciertas "estrellas" de hoy. Exceptuando una aparición en un escenario de Londres, interpretando el papel de Billy, secretario de Sherlock Holmes, no me he adiestrado más que en la famosa troupe *de Karno.*

Los espectáculos de Karno respetaban todas las tradiciones de la pantomima. Acrobacias y payasadas, risa trágica y piadosa, melancolía, sketches, *danzas y truhanerías, todo mezclado; ellos interpretaban lo cómico inglés sin rival. Ahí había ladrones de bicicletas, jugadores de billar, borrachos regresando a su casa, lecciones de boxeo entre los bastidores de un* music-hall, *ilusionistas que fallan en sus trucos, cantantes que se disponen a cantar y no acaban de hacerlo nunca. Se ejecutaba cada cosa con esa impasibilidad que nunca deja de provocar la risa. Cada "golpe" entrañaba con seguridad tanta fuerza como un puñetazo de un campeón de boxeo. Cada estratagema conmocionaba al auditorio como un cañonazo.*

No podía existir una escuela mejor para un mimo en la pantalla, porque la esencia del cine es el silencio. Yo no hablo jamás en mis películas; no creo que mi voz pueda añadir nada a ninguna de mis comedias; al contrario, destruiría la ilusión que quiero crear: la ilusión de una pequeña silueta que simbolice lo bufo, una marioneta cargada de comicidad; nunca un personaje real, sino una idea humorística, una abstracción cómica.

Me sentiré completamente satisfecho si mis comedias mudas proporcionan al público todavía la suficiente diversión para una noche.

Ahora, a tantos años de distancia, y observando la formidable evolución del cine, podemos comprender, con cierta complacencia, las palabras del gran mimo; pero no podríamos estar de acuerdo con ellas, y mucho menos con su actitud de cerrar la puerta a otras formas de arte cinematográfico que no fuera exactamente la suya. Sin embargo, aunque una parte de su persona se muestra intolerante y casi fanática, no tarda en aparecer el hombre inteligente y capaz de focalizar su verdadera posición en la historia del cine:

El film hablado está bien, pero no es para mí. Yo soy el hombre del lenguaje inactual; o, mejor dicho, yo soy como dos hombres, el que observa y el que acciona. Esta figura que he creado no podría, sin empequeñecerse, sin limitarse, tomar la palabra como recurso.

Me he echado en alas de la pantomima, y la pantomima es la imaginación muda.

Por otra parte, Chaplin no estuvo solo en esa actitud de protesta y rebeldía; otras grandes figuras del cine mudo salieron a dar una batalla desesperada y, necesariamente, perdida de antemano; tales fueron los casos de King Vidor, en los Estados Unidos, de René Clair, en Francia, y de los grandes cineastas rusos Eiseinstein y Pudovkin.

Pero aquellas voces, por prestigiosas que fueran, no podían, ni tenían el derecho de contener el avance arrollador de una corriente tan impetuosa como la del cine sonoro.

Estos grandes cineastas estaban tan enamorados de su arte como el propio Chaplin, pero pronto tuvieron que aceptar la realidad y aprender a trabajar con la palabra. Chaplin se resistió un poco más, pero al final tuvo que hacer lo mismo, y el resultado no fue en modo alguno frustrante para él mismo o para el público, pues algunas de sus obras maestras, como *El gran dictador* o *Monsieur Verdoux*, fueron películas sonoras. A pesar de que el propio Chaplin había dicho que su voz no podía añadir nada importante a su arte, él mismo habría de constatar la falsedad de aquella creencia al escucharse en la escena en que hace la parodia de un discurso de Hitler, donde el gesto y la palabra se mezclan en un todo armónico, siendo en este caso la propia palabra una especie de "pantomima sonora", pues el ridículo dictador, más que hablar, lo que hace es gemir y balbucear sus delirios de grandeza.

Quedamos en el mundo muchos amantes del cine mudo, y todos comprendemos la postura de Chaplin, su principal exponente, pero también comprendemos que el cine es más que eso, que tuvo que cambiar, que el cambio fue para bien y que el cine seguirá cambiando, tal vez hacia formas de *realidad virtual* que Chaplin no hubiese podido imaginar.

Las crisis fecundas

Para la mayoría de las personas, las crisis vitales y el sufrimiento que conllevan son una especie de abono para el crecimiento de la conciencia, y en muchos casos son condición necesaria para el desarrollo de la creatividad. Chaplin no es la excepción a esta triste regla.

El padre muere joven a consecuencia de un acendrado alcoholismo, y como secuela de esa muerte, la madre de Chaplin cae en una profunda depresión, por lo que abandona el teatro y prácticamente no sale de su casa de Kensington, dedicada a la costura para poder sobrevivir.

Charles y su hermano mayor, Sidney, aprenden a manejar la aguja para ayudar a su madre, aunque con esa labor la familia no puede obtener más que la satisfacción de las necesidades elementales, permaneciendo en la miseria. Sidney Chaplin relata sus experiencias de aquellos años:

Vivíamos en una habitación miserable, y muy a menudo no teníamos nada que comer. Ni Charlie ni yo teníamos zapatos; recuerdo todavía cómo nuestra madre se quitaba los suyos para darlos a uno de nosotros que corría entonces a un comedor de caridad con el fin de obtener nuestra única comida del día. Nuestra vida estaba envuelta siempre en la catástrofe, que parecía llegarnos a intervalos regulares, como cuando llegaba el policía para embargarnos el poco mobiliario que teníamos y pagar con él nuestras deudas; aunque, como estipulaba la ley inglesa, nosotros podíamos conservar nuestros colchones.

Para colmo de males, la madre caía con frecuencia en estados de insanía mental y debía ser internada, por lo que

Charlot 1918 con Edna Parviance y Sidney Chaplin.

los hermanos quedaban solos y vagabundeaban en busca del sustento; de ahí la honda y dramática raíz del personaje de Chaplin. De esto cuenta Sidney:

Ganábamos nuestra vida como buenamente podíamos, con frecuencia íbamos a los mercados públicos y recogíamos las frutas caídas al piso, lo que entonces era nuestro único alimento. Charlie iba a pedir en los depósitos de fruta la cuerda que servía para los embalajes, y con esa cuerda y trocitos de cartón confeccionaba pequeños barcos que vendíamos en los barrios bajos a un penique.

Desde la más tierna infancia, Charlie mostraba sorprendentes disposiciones para la danza. Seguíamos a veces un organillero. Las danzas de fantasía que Charlie ejecutaba no dejaban jamás de llamar la atención de los transeúntes; tan pronto como el organillero terminaba la pieza, Charlie pasaba la gorra entre los presentes y, bajo las maldiciones de nuestro acompañante, a pesar suyo nos hacíamos de unos peniques.

Aquel natural talento para la danza seguramente es parte del don histriónico que tenía Chaplin; la gracia de su cuerpo y su expresividad son parte esencial de su mímica; pero en muchas de sus películas puede apreciarse ese natural talento para la danza que se manifestó desde los primeros años de su infancia, en ese ambiente sórdido que describe su hermano Sidney y en el que ambos fueron creciendo, víctimas de la miseria y el desamparo. La madre estaba hospitalizada y los hermanos se alimentaban como podían y pasaban las noches en un albergue para mendigos: *... era una casucha ruinosa situada en un lugar donde tiraban la basura* —cuenta Chaplin—; *yo prefería dormir en los parques.*

Desde aquellas épocas se comenzó a manifestar en Chaplin una tendencia maníaco-depresiva que lo situaba en los extremos de la tristeza y de la euforia, provocando también en él una tendencia a soñar y fantasear; lo que se acentúa en la adolescencia, cuando se desarrolla en él la excentricidad exhibicionista y un romanticismo desbocado. Por aquellos tiempos deja de ser el niño taciturno y retraído para convertirse en un muchacho de conducta extraña, tanto que en el barrio comienzan a llamarlo "el chico de las manías".

Dice Pierre Leprohn:

Imita en la calle las habilidades de los prestidigitadores, juega con su bastoncito y su sombrero, pasa horas en las librerías de viejo de Lower Marsh Market, lee a Shopenhauer y se apasiona por el socialismo y la filosofía.

En aquellos tiempos conoce a Ketty, la muchacha que echa a andar su romanticismo desenfrenado y se convierte en la primera de sus grandes ilusiones. En su libro, *Mis andanzas por Europa,* Chaplin la recuerda con verdadera nostalgia:

...Kensigton Gate también encierra tristes, dulces y renovadores recuerdos. Fue aquí mi primera cita con Ketty, hermana de Sonny. Recuerdo cómo me arreglé lo mejor que pude, con mi estrecho levitín, mi sombrero y mi bastoncillo. Estaba hecho todo un señorito mientras miraba cada uno de los tranvías, hasta las cuatro de la tarde, esperando a Ketty, quien finalmente bajó de uno de ellos y sonrió al verme.

Ahora me parece ver a un jovencito de diecinueve años, vestido con el mayor esmero que le es posible, con el corazón agitado, esperando aquel momento del día en que él y la felicidad habrán de caminar cogidos del brazo por el camino de la dicha. El camino sigue siendo atrayente todavía, invita a otro paseo, y cuando oigo acercarse un tranvía, me vuelvo ansiosamente, en espera de volver a ver a la graciosa Ketty bajar de él sonriendo hacia mí. Pasa el tranvía, bajan un par de hombres, una vieja, algunos chiquillos. Pero no Ketty. Ella se marchó, también desapareció para siempre aquel jovenzuelo del levitín y el bastoncillo. ¡Y no los volveré a ver jamás!

Ketty Kelly era una artista del *music-hall*, muy joven y bonita, a la que Chaplin incluso le propuso matrimonio. Cuando, doce años más tarde, regresa a Londres, piensa con alegría en la posibilidad de volver a verla; pero hacía dos años que ella había muerto. Esto ocurrió en 1921, y no fue sino hasta diez años después que regresa a Londres, pero ahora ya precedido de una enorme fama. Es recibido

Luces de la ciudad 1931.

por una multitud que lo aclama y asiste a la premier de *Luces de la ciudad.*

La película obtiene un gran éxito desde la primera exhibición, todo Londres se vuelca en homenajes, pero el contraste de su vivencia actual, en aquella que fue la ciudad de su infancia y primera juventud, no deja de avivar una profunda herida:

En días lejanos anduve a golpes con el hambre y con el miedo al mañana, ese miedo incesante al mañana. Ninguna prosperidad podrá jamás borrar en mí ese miedo; soy como un hombre que estuviera atrapado por un espíritu: el espíritu de la pobreza y las privaciones.

Rápidamente se marcha del Londres de sus nostalgias para emprender un viaje por el continente. En todos lados es recibido con gran entusiasmo. Al llegar a Berlín, la policía se ve obligada a intervenir violentamente para permitir que el famoso visitante pueda salir de la estación. Lo mismo sucede en Viena, a pesar de que él toma providencias para pasar de incógnito. Después de unos días en Venecia, sometido también a constantes homenajes, toma el tren con rumbo a París, donde es admirado desde muchos años atrás, por lo que el recibimiento es tan entusiasta que Chaplin tiene que ser rescatado por la fuerza pública. Cuando por fin llega a su hotel, en una entrevista con los periodistas dice:

Cuando pienso que estoy de vacaciones, que he venido a Europa para descansar, para ver cosas, para renovar mi acervo intelectual... En realidad, llevo treinta días corriendo de una ciudad a otra, tratando en vano de calmarme, de mirar, de reflexionar.

El estreno de *Las luces de la ciudad* debe tener lugar en el teatro Marigny, el martes 7 de abril. Todo mundo espera la presencia de Chaplin y se hacen los preparativos de rigor, pero en vez de esperar al estreno, Chaplin toma el tren hacia Niza, produciendo en sus admiradores y en la prensa la sensación de haber sido desairados.

por ser el último que la [illegible]
[illegible].

La película obtuvo un gran éxito desde la primera exhibición, [illegible] en [illegible] y [illegible] de [illegible] y un [illegible].

[illegible]

[illegible] Alemania [illegible]

[illegible]

[illegible] Chaplin [illegible]

Amores y horrores

La infancia y juventud de Chaplin fueron sin duda amargas, marcadas por un estado crónico de insatisfacción vital que, aparentemente sólo encontraba una salida, o por lo menos un paliativo, en el histrionismo: la mímica, el baile, la actuación. Esa fue la tónica en la formación del artista; pero ese aprendizaje de vida no se diluyó con la fama y la fortuna; el mismo esquema de búsqueda es el paradigma de todo su trabajo como actor, guionista y productor. Pero también es el mismo esquema que maneja en su vida privada, y es el que se pone en evidencia en sus tormentosos romances y sus múltiples matrimonios. Aquella insatisfacción primaria se repitió en sus relaciones amorosas, dejando una secuela de sufrimiento que, igual que en su infancia, sólo encontraba el formidable desahogo del histrionismo, convertido ahora en un arte supremo.

Su primera esposa fue Mildred Harris, a quien conoció en los estudios *Universal*. Mildred, que había de ser su primera esposa, era joven y bonita; la juventud y la belleza eran las únicas armas con las que contaba para conquistar a un hombre de la importancia de Chaplin; pero eso era precisamente lo que podía fascinarlo, pues ella era realmente bella, muy joven, y no tenía el espantable defecto de tener talento, lo que era para Chaplin su principal atractivo. Ella era una de tantas chicas que merodeaban el ambiente artístico con la ilusión de llegar a ser grandes estrellas de la pantalla. Su madre trabajaba en los guardarropas de los estudios de Hollywood, y la muchacha se esforzaba inútilmente por abrirse paso en el mundo del cine.

Alguien ha dicho que lo más importante de Mildred Harris eran sus pestañas: largas, suaves, espesas; eran unas pestañas naturales y tan bellas como las de Greta Garbo; aunque sus pestañas no eran suficiente motivo para alcanzar el estrellato, por lo que ella solamente obtenía papeles insignificantes. Pero tal vez sus pestañas sí fueron suficientes para atraer a Charles Chaplin, quien se enamoró de ella de una manera fulminante, lo que era también su pauta amorosa, asociada, en este caso a la fantasía que siempre manejó en sus películas, pues Mildred encarnaba a la tímida jovencita que luchaba contra un mundo hostil para salir adelante y poder brillar; el mito de la "cenicienta" se hizo presente de inmediato en Chaplin, quien siempre soñaba con vivir realmente esa situación, y no solamente proyectarla en el cine.

Así que su impulso de caballero rescatador de damas en desgracia triunfó por sobre cualquier otra consideración y el matrimonio se celebró el 23 de octubre de 1918. Para todos sus amigos, era indudable que Mildred, demasiado inmadura y frívola, no era la mujer apropiada para Chaplin; y también sabían que un hombre atormentado, solitario y genial, no era el tipo de hombre que pudiera hacer feliz a una jovencita insulsa.

Desde los primeros meses, la pareja entró en graves conflictos, pero Mildred quedó embarazada y dio a luz en julio de 1919. Se sabe que Chaplin lloraba de alegría, y aparentemente la pareja había entrado en un amable proceso de reconciliación; pero todo fue efímero, igual que la vida del niño, quien falleció unos días después de su nacimiento, por lo que toda la alegría y buena voluntad de la pareja se precipitó en amargura, siguiendo de ello un tiempo de abatimiento que no tardó en convertirse en tedio para ambos y en una completa indiferencia, en medio de la cual ambos comprendieron que su vida en pareja ya no tenía sentido e incluso les hacía daño, pues la convivencia les resultaba insoportable. Como era de esperarse, se produjo la ruptura.

Mildred se fue a vivir cerca del estudio en el que su marido le había conseguido un buen trabajo, y Charles se fue a vivir al Athletic Club, en Los Angeles.

Por supuesto, la cosa no se resolvió en paz, pues Mildred se apresuró a presentar una demanda de divorcio con grandes pretensiones económicas y comenzó el típico escándalo propalado por los diarios de farándula y disfrutado por el público. El abogado de Mildred proporcionaba a la prensa el material más "amarillista" que podía, probablemente participando en el negocio de los periodistas, y los ataques llegaron a ser en verdad insidiosos, tanto que Chaplin se vio obligado a responder también por medio de la prensa, en un comunicado que decía así:

A causa de mi reputación – reputación edificada en dieciocho años – me veo obligado a desmentir la información debida a Mrs. Chaplin, según la cual he rehusado atender a sus necesidades. Por el contrario, he saldado de su cuenta más de cincuenta mil dólares de cheques que fueron pagados durante nuestra breve vida en común. Esta suma ha sido desembolsada aparte de su propia asignación. Hasta nuestra reciente separación no he rehusado jamás el pago de alguna factura, y hasta que intervenga la solución legal, deseo abstenerme de hacer más declaraciones. Siempre me he esforzado en actuar caballerosamente en estas circunstancias. Y nada más tengo que añadir.

En respuesta a esta nota, Mildred declaró que su marido le había ofrecido veinticinco mil dólares si accedía a presentar la demanda de divorcio. Dijo que ella se negó a hacerlo por creer que la ruptura sería pasajera; aunque finalmente había aceptado el divorcio, pero que no tenía la menor intención de convertirlo en un negocio, sino que su problema con Chaplin era de tipo emocional y no económico. Ella aseguraba que su esposo se había entregado a "actos de terrible y refinada crueldad mental", y lo acusaba de abandono.

Aunque la acusación de "crueldad mental" era ya un lugar común en todos los divorcios de Hollywood, Chaplin prefirió no seguir adelante con el juicio y pagó los doscientos mil dólares de indemnización que se le reclamaban.

Ya liberado de ese problema, Chaplin volvió al trabajo con renovado ímpetu, la primera de sus películas después de aquel descalabro fue *El chico*, con la que, además del éxito económico, consiguió un refinamiento artístico y técnico que significó un gran avance en su desarrollo como cineasta.

El chico 1921.

Su segunda experiencia matrimonial fue todavía más dura y deprimente que la primera. La protagonista en esta experiencia fue Lita Grey.

Al terminar y estrenar *Una mujer de París*, Chaplin se tomó unos meses de vacaciones, y en la primavera de 1924 comenzó los preparativos de una nueva cinta, que sería una de sus más afortunadas: *Fiebre de oro*. En esta película trabajó arduamente durante catorce meses, y finalmente, el 16 de julio de 1925, tuvo lugar su triunfal estreno en el *Egyptian Theatre*, de Hollywod.

Para esta película, Chaplin había pensado en su estrella de *Una mujer de París*, Edna Purviance, pero como ella tenía un contrato con otra productora, Chaplin buscó otra actriz para su producción, y entonces se presentó Lita Grey, una bella jovencita de dieciséis años que había jugado ya un pequeño papel secundario en *El chico*, figurando como uno de los ángeles en los que sueña el muchacho.

Desde su divorcio con Mildred, Chaplin había tenido algunos romances pasajeros, todos con actrices de gran altura, como Claire Windsor y Pola Negri; pero al comenzar los trabajos con su nueva actriz, como era de esperarse, se enamoró perdidamente de la muchachita.

Ya habían sido realizadas bastantes escenas de *Fiebre de oro* cuando la protagonista fue sustituida, lo que fue una señal inequívoca para sus amigos, pues conocían la aversión de Chaplin hacia el hecho de que su esposa trabajase en la pantalla. Es por eso que no les causó ninguna sorpresa que Lita Grey se convirtiera en su segunda esposa.

Los exteriores de *Fiebre de oro* debían ser rodados en un paisaje montañoso, en los confines de Nevada. Pronto se supo que Chaplin había decidido bruscamente trasladar el equipo a México. También se supo entre sus íntimos que el verdadero motivo de este cambio era esquivar a los periodistas, pues había decidido casarse con Lita y no deseaba demasiada publicidad.

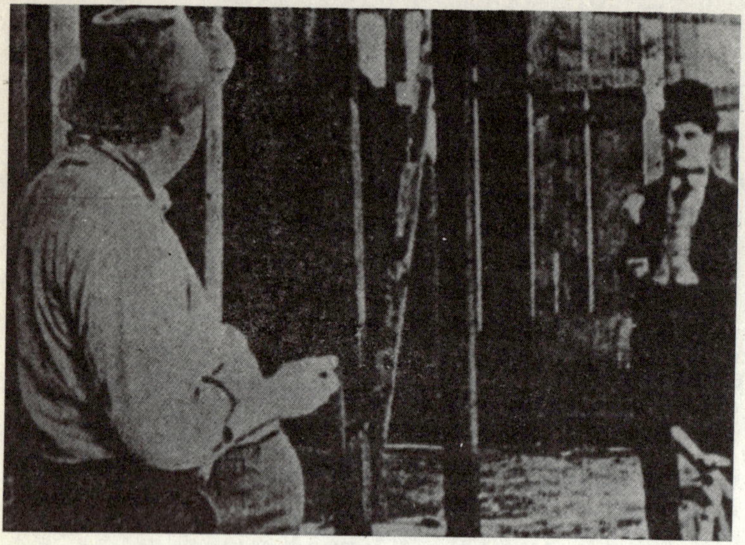

Día de pago 1922. Con Mack Swain.

Este matrimonio le resultaba forzoso, ya que las leyes de Washington no le dejaban otra alternativa que la boda o la pena de prisión acordada para el delito de "seducción de menores".

El "delito" que había cometido Chaplin era algo de lo más normal en el ambiente de Hollywood, pero la madre de Lita, quien había hecho todo lo posible para que Chaplin cometiera ese "atentado al pudor de la niña", resultó ser una gran conocedora de las leyes.

Aquel romance tortuoso pronto perdió su encanto y Chaplin recuperó la conciencia de que había caído en una trampa preparada con gran astucia. En su libro, Carlyle dice: *... empezó a huir del hogar, buscando el alivio en la compañía de sus antiguos y fieles amigos. En cuanto a Lita, disfrutaba una vida alegre y tumultuosa en la casa de Chaplin, invitando pródigamente a toda la gente que había conocido en sus tiempos de "extra" de cine.*

Este infortunado matrimonio obligó a Chaplin a recomenzar una gran parte de las escenas rodadas para

Fiebre de oro; para algunos, la sustitución de Lita correspondía al hecho de que no le gustaba que su esposa saliera en la pantalla; pero otros pensaban que al haberse dado cuenta de que había sido víctima de una manipulación perversa, lo que buscaba era impedir que Lita y su madre lo volvieran a utilizar, para convertir a la muchacha en una "estrella". Así fue como Georgia Hale fue designada como protagonista de la obra.

A pesar de todo, Chaplin tuvo dos hijos con Lita Grey: Charlie, el primogénito, y Sidney. El nacimiento de estos niños causa gran alegría a Chaplin, pero no cambia la situación conflictiva de su matrimonio. Una vez más, Chaplin se expone al encanizamiento periodístico al conocerse la demanda de divorcio interpuesta por Lita ante la Suprema Corte de Los Angeles.

Este documento constaba de más de cuarenta folios, en los que se acusaba al actor de todo delito posible, pidiendo la retención judicial de toda la fortuna del esposo, que para aquellos tiempos ya era de varios millones de dólares.

Fiebre de oro 1925 con Mack Swain.

Entre otros "argumentos", Lita acusaba a su esposo de "alardear" ante ella de sus amores extraconyugales, de haberla amenazado de muerte con un revólver, de aborrecer a sus hijos, y que la había seducido bajo la promesa de matrimonio.

Entre otras cosas, Chaplin replicó lo siguiente:

La madre de Lita me instó repetidas veces a que me casase con su hija, y yo le dije que llegaría a amarla con locura si realizaba mi sueño de tener hijos. La señora Grey puso a Lita deliberadamente en mi camino. La madre y la hija venían constantemente a mi casa, y la madre procuraba dejarnos solos.

Poco después, cuando Lita me dijo: "Tienes que casarte conmigo o te denuncio al fiscal. Y no creas que eres tú solo quien se sacrifica, porque yo también lo hago al abandonar al hombre que realmente amo para casarme contigo, por ser tú el responsable del estado en que me encuentro.

Entonces, como ahora, yo fui vilipendiado. "No he ganado nada casándome contigo", me decía. Y para justificar su conducta empezó a afirmar ante mis amigos que yo era un degenerado. Lita y su madre me pidieron un millón de dólares bajo esta amenaza: "Te arruinaremos si no accedes a nuestro deseo"

Lita Grey no era ni mejor ni peor que la mayoría de las muchachitas que pululaban en el ambiente artístico de Hollywood. Frívola, inconstante, pretenciosa. Parece claro que ella no se propuso amar a Chaplin en el verdadero sentido de la palabra, y tampoco se esforzó por comprender al hombre excepcional que tenía delante.

A causa del escándalo en torno suyo, el drama tuvo para Chaplin una importancia mucho mayor que una simple cuestión sentimental; no se trataba ya solamente de su felicidad, o la de sus hijos, sino de algo mucho más importante para él: su carrera y su arte. El divorcio de Chaplin, aunado al resentimiento de su miseria pasada, fue el otro polo en torno al cual se encarnizó la inquietud que lo obsesionaba, al grado de que después de este segundo fracaso matrimonial aumentaron a grados patológicos su misantropía, su miedo a ser engañado, y su inestabilidad emocional; en esos tiempos Chaplin fácilmente pasaba de un extremo a otro de la emotividad, agravándose su condición bipolar.

Uno de sus biógrafos más importantes, Robinson, relata los hechos de la siguiente manera:

La demanda de divorcio de Lita estaba llena de acusaciones sensacionalistas. Una vez más, Chaplin guardó silencio. Fue a ocultarse en la casa de Sidney, donde pasaba los días y las noches errando de un lado para otro. No ignoraba que Lita no había obrado de una manera impulsiva. Sabía que este odioso estallido de sus extravagantes acusaciones había sido cuidadosamente preparado poco a poco desde el comienzo de su matrimonio y debía ser la obra de su suegra. Esta indecente "petición" de Lita, hecha para soltar las amarras matrimoniales no era otra cosa que el resultado de un plan previsto y tramado minuciosamente desde mucho tiempo atrás.

De manera legalmente insidiosa, los abogados de Lita lograron incautar todos los bienes de Chaplin, incluyendo su casa y hasta su estudio, donde no tenía derecho a entrar.

Lita y su madre, asesoradas por los abogados, vendían a la prensa toda clase de informes íntimos, con lo que los periodistas armaban historias de gran impacto en el público, y en las que se presentaba a Chaplin como un ser abyecto. Teniendo en cuenta el silencio guardado por Chaplin, se comenzó a tener la impresión de que desaparecería definitivamente de la pantalla; algunos llegamos a preguntarnos si todo esto llegaría a dar por resultado el que Charlie Chaplin perdiera el afecto de sus admiradores.

Chaplin ya no era más que la sombra del verdadero Charlie, que no hacía más que huir de sus enemigos, un fugitivo tembloroso que buscaba un asilo en el que pudiera hallarse al abrigo de aquellos ataques que lo volvían loco. Encontró ese refugio en la casa de un hombre que lo amaba como si fuera su propio hijo: Nathan Burkan, su abogado de Nueva York. Burkan no necesitó mucho tiempo para entender lo que realmente necesitaba Chaplin, y llamó a un equipo de médicos, quienes trabajaron arduamente para salvarle la vida.

Poco a poco, Chaplin fue recobrando la salud. En la soledad de la casa de Burkan, sus nervios quebrantados se restablecieron; y nada llevó la paz y el consuelo al alma de Charlie como el saber que Burkan se ocuparía de su caso, lo que fue muy afortunado, pues los avances legales que se produjeron le permitieron, por lo menos, recuperar los recursos para terminar su película *El circo*, que fue lo que salvó su carrera como productor independiente.

Es de hacerse notar que el desmesurado escándalo por el divorcio de Lita Grey era favorable para otras compañías productoras, ya que al descapitalizar totalmente a Chaplin hubieran podido eliminarlo como competidor en el mercado, para después integrarlo como actor en sus propias producciones; de haber logrado su objetivo, se hubiera perdido aquella característica de "cine de conciencia" que es propio de la producción de Chaplin y la mercadotecnia lo hubiese convertido en un cómico intrascendente.

El impulso creador

Las experiencias dolorosas suelen ser un acicate para el crecimiento personal y un estímulo para la creación en todos los órdenes; pero en el caso de los grandes artistas se producen fenómenos que van más allá de lo normal. Tal es el caso de Chaplin, quien, como auténtico artista, con frecuencia entraba en fuertes crisis emocionales, que ciertamente estaban impregnadas de un espíritu creador. Si recordamos sus manifestaciones infantiles de emotividad bipolar, tendremos que dar crédito a quienes vivieron de cerca aquellas crisis y su secuela de euforia creativa. Uno de los testimonios es el de Paulette Goddard:

Apenas sale de su habitación, donde pide que le lleven la comida; incluso se hace él mismo la cama. O bien se mete en el yate y navega de San Pedro a la isla Catalina. Y así se pasa días y semanas.

Elsie Codd, quien fue su secretaria, narra lo que ella interpreta como un "período de incubación mental".

La llegada de una gran idea es precedida invariablemente de una larga sucesión de días de mal humor y de noches atormentadas. Sus amigos discretos se mantienen a una respetuosa distancia, aunque lo cierto es que, para huir de un aislamiento más profundo, es frecuente ver a Chaplin tomando la apariencia de un pescador apacible, sobre todo cuando se marcha a la isla Catalina, donde permanece algunos días.

... Tan pronto como ha tomado una decisión en lo que concierne al tema de la película, regresa a su estudio, reúne a sus amigos y les comunica sus intenciones, invitándolos a expresarle sus ideas, de las cuales unas le servirán en lo que pudiera decirse "punching-

ball" intelectual y otras, la mayor parte, son inmediatamente rechazadas.

Tan pronto como está seguro de que la idea de la película ha encontrado la aprobación de sus íntimos, después de una elaboración que dura de quince a sesenta días, su mayor preocupación es realizarla inmediatamente. Es el momento cuando el technical department *se pone a temblar. De la dirección fluyen las órdenes, y todos los días que siguen, los carpinteros y los maquinistas trabajan febrilmente en la construcción de un albergue, de una ciudad, de una calle modesta o elegante, según el caso. Chaplin pudo haber consagrado meses a reflexionar sobre la idea del film, pero tan pronto como se ha tomado la decisión de realizarla, no puede soportar un segundo de retraso.*

Por su parte, otro secretario del actor, Carlyle Robinson, declara:

Durante cuatro días y cuatro noches, sin permitirse el menor reposo, ni un minuto de sueño, Chaplin se sumerge por completo en el montaje de su película. Una vez que, en definitiva, la película tiene ya las dimensiones requeridas y ha sido aprobada por Chaplin, los mejores amigos del gran cómico no podrían reconocerlo. Su barba ha crecido en varios centímetros, sus cabellos están en desorden; él aparece sucio, desaliñado, sin cuello... pero la película se ha terminado.

Esta especie de "rapto creativo" es común en los grandes artistas, quienes pasan por agudas crisis en el momento de la creación. El caso de Chaplin no es la excepción. Pero hay que decir que esta completa inmersión en el proceso creativo sólo se la puede permitir el genio que ha alcanzado un alto grado de libertad en lo que se refiere a la producción y comercialización de su obra. Para Chaplin, los primeros años fueron ingratos en este aspecto, pues estaba muy limitado por los intereses de sus contratantes y era sujeto de múltiples agresiones a causa de su talento.

Chaplin tras bambalinas

Los grandes valores de Chaplin como artista, en muchos aspectos tienen sus complementos en el aspecto humano, y también sus contrastes. El acercamiento a esos contrastes es de gran interés para quienes deseamos entender una personalidad compleja y al mismo tiempo aprender de ella. De estos aspectos íntimos de la vida de Chaplin tenemos dos buenos testimonios. Uno es el de Carlyle T. Robinson, quien fue su colaborador durante quince años, y el otro es de May Reeves, quien sostuvo un romance con Chaplin durante su estancia en la Costa Azul, en 1931, y también viajó con él por Argel y varias partes de Europa. Uno y otra conocieron a Chaplin en la intimidad y son autores de sendos libros en los que se narran anécdotas que nos descubren a un ser humano con sus defectos y sus virtudes, sin ese ropaje del ídolo que se nos forma en la imaginación.

Los libros biográficos de estos compañeros de Chaplin aparecieron en 1933 y ambos presentan un cierto interés como documentos de primera mano, especialmente el de Robinson, quien parece más ecuánime y deseoso de mostrarse imparcial; por su parte, May Reeves presenta un cierto tono de despecho que bien puede sesgar la interpretación de los hechos, aunque su información sea válida en sí misma.

Ambos autores dejan ver como uno de los principales rasgos de Chaplin su casi enfermiza tendencia a la soledad. Otro es su profundo amor por la independencia, tal parece que es tanta su necesidad de ser autosuficiente que puede llegar a extremos ingratos para conservarla. De ahí provienen su gran reticencia a entregarse por completo, ya sea en la amistad o en el amor. Se dice que ponía trabas a esas relaciones intensas y absorbentes que pudieran llegar a limitar su individualidad, lo mismo que a esas pasiones devoradoras en las que se pone en grave riesgo la libertad.

Una pasión amatoria demasiado intensa puede despertar en quien la provoca el sentimiento de una cierta dependencia; para no ser víctima de esta dependencia, Chaplin se percibe capaz de realizar acciones que bien pueden interpretarse como síntomas de una gran egolatría, e incluso de crueldad. Pero, según uno de sus biógrafos, "es sensible hasta el punto de evitar a todo precio la más leve mortificación de alguien en su presencia". Y otro nos dice:

Las amistades de Chaplin eran vivas, enteras, raramente durables, más intelectuales que afectivas, guiadas a menudo por la admiración. Generalmente se apoyaron más en las obras que en los individuos. Así, Max Linder fue uno de sus primeros amigos espirituales. Otros vinieron después, lejanos o próximos, pero todos amados igualmente por Chaplin: Max Eastman, en Hollywood, Thomas Burke, y Wells, en Londres, Cami, en París; un hondo afecto lo unía a Douglas Fairbanks y a Mary Pickford.

Por otro lado, May Reeves lo presenta en su libro como un tacaño, como un sujeto sórdido si se compara su generosidad con sus enormes ingresos; esta característica es apoyada por Robinson, quien lo acusa de ser injusto en el pago de sus colaboradores. Parece extraño que un hombre de estas características hubiera sido capaz de rechazar una oferta de dos millones de francos por el rodaje de una película, por el hecho de que ésta era hablada, o los 667,000 dólares que se le ofrecieron por veintiséis emisiones radiofónicas, con duración de quince minutos cada una. Chaplin era un hombre mezquino en las cosas pequeñas, pero demasiado desprendido en las grandes. Era sabido por todos que en cada una de sus películas arriesgaba prácticamente todo su capital, y no repara en gastos cuando se trata de cuidar la calidad del rodaje. Sobre esto dice Leprohon:

Una cosa se destaca sobre todo lo demás en la vida de Chaplin: la preocupación por su arte. En este sentido es capaz de sacrificar su fortuna y su felicidad. Sin duda porque comprende que solamente ahí residen su verdadera riqueza y su única alegría.

En una entrevista a la revista francesa *Mon Ciné*, dice Chaplin:

...hay en mí algo que siempre me recuerda la vida que he vivido. Ustedes me han visto en Fiebre de Oro *convertido en millonario con sombrero de copa, gabán de pieles y zapatos lustrosos. Sin embargo, cuando el personaje así vestido se pasea por el barco se agacha a recoger una colilla que no quiere perder. Es un rasgo de mi carácter. Aquí estoy retratado por completo. He conservado el recuerdo de los días lejanos en que me veía obligado a contar mis gastos centavo por centavo. Y ahora paso la vida luchando contra las extravagancias de la* mise en escéne. *Economizo en el* crepé *que me sirve para los bigotes, y cuando, por estar demasiado sucio, tengo que tirar un pedacito, me parece que sería capaz de llorar. Sin embargo, no cuesta más que veinte centavos el metro. Por otra parte, me ocurre con frecuencia que abandono el estudio durante una jornada completa porque no me encuentro en disposición de actuar ni de dirigir, lo que me cuesta un millar de dólares. Como podrán ver ustedes, yo soy un hombre representativo de los héroes de mis películas. Creo que no se puede hacer nada bien si no se hace representar al personaje que existe dentro de cada uno.*

Robinson asegura que Chaplin: "No se deja llevar nunca por el sentimiento"; pero el propio Chaplin confiesa: *En el fondo, yo soy una marioneta sentimental.*

Es de creerse que ambas percepciones son relativamente ciertas; seguramente Chaplin se sentía como el dice, como una "marioneta sentimental", pero en ese sentimiento radica la actitud fría hacia el exterior, como para protegerse del mal manejo que cualquiera podía hacer de esa débil marioneta, lo que se comprueba en el caso de sus divorcios. Es claro que un gran actor como él, podía jugar muy bien de una manera el papel de un hombre objetivo, frío y calculador. Esa máscara de insensibilidad y dureza lo protegía de todas las asechanzas que amenazan a los blandos de corazón.

Viéndolo de esta manera, Chaplin se presenta más auténtico en la pantalla que en la vida real; Charlie el vagabundo no necesita máscaras, por el contrario, él tiene el privilegio de mostrar abiertamente su ingenua bondad, sometiéndose con ello al escarnio que resulta gracioso para el espectador. Charlie divierte al público con su infinita ternura y caudaloso sentimiento, no sólo no le importa mostrarse como es, sino que sabe que será más heroico y amado cuanto más se muestre su debilidad e indefensión. Cada desengaño que lo hiere, cada injusticia que lo lacera, cada ingratitud que lo lastima, cada golpe que recibe, es un dato de simpatía y amor que recibe en compensación; pero en la pantalla él es un ser virtual y simbólico, mientras que en la realidad es un hombre de carne y hueso, y necesita cuidarse de las trampas en las que puede caer.

Según afirma May Reeves, a Chaplin le encantaba embromar a la gente, despistarla o producir un desconcierto con respecto a su verdadera manera de ser, lo que también parece ser parte de ese mecanismo de defensa.

Una de las características que se remarcan en todos los testimonios es el inflexible sentido crítico de Chaplin, más que para las obras ajenas, para las propias. Dice Robinson que era particularmente duro consigo mismo. Siempre que termina una película queda extenuado y en un lamentable estado nervioso. Es muy difícil para cualquiera el soportar por tanto tiempo un cúmulo tal de preocupaciones y una tensión tan prolongada. Pero tan pronto como la cinta comienza a exhibirse, Chaplin recomienza su vida recatada y tranquila; aunque, por supuesto, aquella gran inquietud interior no le abandonaba, y al poco tiempo volvía a ese furor creativo del que ya hemos hablado.

Después del cine y de las mujeres jóvenes, la mayor pasión de Chaplin era la música. En ella encuentra siempre un remanso de belleza y serenidad. Él es un músico nato y toca el piano, el violoncello y el violín; aunque siente una especial predilección por el órgano, frente al cual pasaba muchas horas, ejecutando las obras que más le gustaban.

En su libro *Mis andanzas por Europa,* al evocar lejanos recuerdos de juventud, nos hace esta melancólica confidencia:

¡Kensington Cross!... Fue aquí donde primeramente tuve la intuición de lo que era la música, donde primeramente aprendí la belleza del sonido. Una belleza que, desde entonces, ha alegrado y a veces atormentado mi vida. Esto ocurrió una vez, estando aquí, a media noche. Lo recuerdo todo perfectamente. Era yo casi un niño, y la belleza de esa melodía fue para mí como un dulce misterio. No podía entenderla, sólo sabía que la adoraba a medida que los sonidos llegaban a mi cerebro por la vía de mi corazón. De pronto me di cuenta de una armónica y de un clarinete que tocaban un fantástico y cadencioso mensaje. Más tarde aprendí el nombre de la canción: La madreselva y la abeja. *La interpretaban con tal sentimiento que conocí entonces, por primera vez en mi vida, lo que era la melodía. Fue mi despertar a la música.*

Por otro lado, Chaplin fue desde muy joven un ávido lector, y fue gracias a la lectura que obtuvo una considerable cultura, de manera autodidacta, pues su formación académica fue prácticamente nula. A pesar de su amor a los libros, Chaplin parece contradecirse al aconsejar lo siguiente:

Si quieren ustedes crear, no lean nunca. Cuanto más lean, se sentirán más influidos por las creaciones de otros. Estudien solamente las reacciones de los hombres y sus actos si desean interpretarlos de una manera original.

Es obvio que se refiere al trabajo histriónico, pero nada más. El nunca ocultó su admiración por Shakespeare, Visen, Bernard Shaw, Knut Hamsum, H.G. Wells, H. A. Jones y Thomas Burke.

El hecho de que Chaplin haya demostrado un vivo interés por la sociología, la economía y la política es algo que desconcertó, e incluso molestó a muchos intelectuales, quienes lo calificaron de ser un *Snob* al atreverse a presentar una fundamentación sociopolítica en algunas de sus películas.

Tal vez ahora esta posición de las elites intelectuales resulte absurda, pues muchos artistas, en todos los órdenes, han expresado ideas políticas en su trabajo y a nadie extraña que una película tenga un trasfondo ideológico; Chaplin fue pionero en este terreno.

Por lo que se refiere estrictamente a la política, Chaplin no era un hombre capaz de aceptar la disciplina de ningún partido, por más que las propuestas de éste coincidieran con sus ideas. Más que por la política en sí, Chaplin se interesaba por los problemas humanos que tenían su referente en la sociedad; él era un hombre fiel a las ideas de emancipación de los pobres y de la justicia social, ideas más bien producto de la configuración de sus sentimientos, que seguramente provienen de su infancia y primera juventud; aunque estas ideas elementales se fueron estructurando y refinando a través de sus lecturas.

En aquellos tiempos, Chaplin debió preguntarse si era posible modificar ese estado de cosas y plantear un modelo de convivencia que facilitara el bienestar para todos. A pesar de la melancolía que se destila en todas sus obras —o tal vez a causa de ella—, la respuesta de Chaplin tuvo que ser afirmativa y activa; pero no como luchador social, sino como gran comunicador, y además dueño de un arma formidable: la ironía.

El gran dictador

Dentro del cine político de Chaplin, *El gran dictador* es una obra maestra, y una de las sátiras más ingeniosas que se han producido. El "discurso" en el que Chaplin imita los ademanes de Hitler es una de las escenas clásicas del cine universal, equiparable a aquella escena de *Fiebre de oro* en el que el vagabundo se come una de sus botas con la delicadeza y el gusto de un *gourmet.*

La parodia que nos presenta de los dos grandes dictadores de aquellos tiempos —Hitler y Mussolini— es de un extraordinario carácter expresivo, utilizando el modelo fársico de los payasos de circo y siguiendo la tradición clásica de este tipo de parodias: Hitler representa al payaso tieso y pedante, aparentemente muy inteligente y siempre desdeñoso de su compañero, quien juega el papel del bufón subordinado y tonto. Con esta presentación, Chaplin logra despertar en el espectador las mismas sensaciones de fresca alegría que tenía de niño en el circo, superando con ello el peligro de caer en un tono de panfleto que hubiera destruido su fuerza irónica.

No faltaron, por supuesto, los intelectuales serios y comprometidos que reprocharon a Chaplin el haber presentado su denuncia de una manera demasiado cómica, demasiado intrascendente, quejándose de que en la cinta no se pusieran al desnudo las atrocidades del nazismo y el fascismo, con sus monstruosos campos de concentración y todo lo demás. Pero este reproche no era justo, pues el arte de Chaplin no era el de la crítica objetiva y la información, sino el de la presentación fársica de la realidad, buscando, por medio

El gran dictador 1940.

de la ruptura de la seriedad, descubrir la parte grotesca de las cosas, con lo que era capaz de impresionar de manera favorable al gran público.

La dosificación perfecta de los diversos elementos que integran la película: lo bufo, lo sentimental y hasta lo trágico, proporcionan un gran vigor a las escenas de la cinta, cuya trascendencia histórica y social no era posible evaluar en el momento de su estreno, pues faltaba esa perspectiva que sólo se produce por el tiempo, cuando ya se pueden ver las cosas en retrospectiva. En aquellos momentos, las turbias circunstancias por las que pasaba el mundo le daban solamente al gusto del asombro y la risa a esta obra, pero ella pudo más que todo lo que se podía haber escrito sobre el tema, pues llegó a millones de personas, quienes no tuvieron que hacer el menor esfuerzo intelectual para recibir el mensaje.

Aquella burla justa, proveniente de un hombre sencillo y genial, ponía en el banquillo de los acusados a un energúmeno que parecía engendrado por las fuerzas más oscuras de la naturaleza, por medio de una sátira que provocaba una risa en verdad liberadora, pues no hay poder, por seductor que sea, capaz de soportar la fuerza devastadora de la risa.

El dictador se presenta escuchando las palabras serviles de su lacayo, para luego ponerse a jugar de manera grotesca con una esfera del mundo, hasta que esta esfera, que en realidad es un globo inflado, se le rompe y estalla en las manos. Aparece entonces en el rostro del dictador un cándido asombro que es una expresión fiel de la máxima estupidez, porque no es la sorpresa cómica del niño al que se le revienta su globito, sino el torpe desconcierto del hombre que no puede comprender las cosas más claras de la vida. El pobre y gran dictador ignora muchas de las cosas más elementales, las que se descubren por el sentido común, y la más importante de ellas es que el mundo es demasiado vasto y complejo como para servir de juguete a un solo hombre.

Sobre esta película escribe Gómez de la Serna:

Chaplin persiste en hacer su película de broma sobre los dictadores, pues opina que si a él le han plagiado el bigotito, muy bien puede imitar al plagiario. Y en vista de eso se cierne a su alrededor un espeso complot, y el espionaje trascendental da vueltas a su casa. Charlot vive, sin embargo, con su inconsciencia natural y ensaya discursos de gritos ante los falsos micrófonos del estudio, cayéndosele el bigote en el frenesí de las proclamas.

Ya hemos podido todos ver una imagen de Charlot en su película El gran dictador, *y se da el caso de que como Hitler había imitado su bigotito y su actitud lívida y encarada de ojos atónitos, parece que Charlot se imita a sí mismo, se plagia escandalosamente. No se podrá reclamar contra su disfraz, porque le pertenece y sólo ha necesitado colocarse la gorra militar, con dos aspas en lugar de los atributos, para ser una especie de generalísimo airado.*

Él solo, en su estudio secreto, rodeado de precauciones, con cepos para los espías, ha ido inventando los episodios para torpedear las tiranías, la burla con qué contraponerse a la gloria mal ganada por los forzudos.

En su gran soledad leía los telegramas, veía impetérrito las variaciones de la guerra, persistía en su propósito sin arredrarse, sin considerar que ningún acontecimiento torcía su película, última bandera de rebelión en un mundo vencido.

Vivió como un valiente, metido en su estudio y bajo bombardeos constantes, heroico en su misión de guasa y humorismo. Cuantos más horrores, descalabros y destrucciones, Charlot se sentía más el solitario vengador y entraba más en la epilepsia de su burla. Quería lograr lo macabro, que consiste en que lo cómico se vuelva destructor sin derecho que lo asista, pues lo grotesco no puede ser arrasador.

El gran dictador, es evidentemente una sátira, pero contiene numerosos elementos de humorismo sano e "inofensivo", pues Chaplin no renunció nunca a esa faceta de su arte, y hasta se puede asegurar que tampoco podría hacerlo aunque quisiera, porque es realmente lo que gravita con más fuerza en el fondo de su propia naturaleza. De ahí que haya empleado circunstancialmente la sátira hiriente y mordaz, impelido por unos hechos históricos que le reclamaban esa actitud de un modo ineluctable, pero sin renunciar en lo más mínimo a su manera peculiar de manifestarse como artista.

Y de ese modo, en todas las escenas en que aparece como el humilde y atolondrado barbero judío, Chaplin no solamente es el Chaplin de siempre, sino que acaso lo sea más que nunca.

Y cuando llega el impresionante final, entonces ya no es el barberillo judío, ni el dirigente de los nazis, ni siquiera el hombrecillo triste y pálido que todos los públicos del mundo han admirado en la pantalla. Entonces se convierte en un hombre, uno de los tantos hombres que pueblan la tierra, el hombre Charles Chaplin, que tiene algo que decir a sus semejantes, enloquecidos por el odio y el terror. Y es entonces cuando pronuncia aquel discurso claro y sedante, lleno de emoción, repudiado por los traficantes de la guerra e incomprendido por la ceguera y la sordera de los políticos reaccionarios.

Este es el discurso pronunciado por Chaplin al final de *El gran dictador*, y que vale la pena reproducir completo y leer como en retrospectiva, volviendo la imaginación hasta la época en la que fue dicho, para comprender su auténtico significado:

Estoy desolado, pero no deseo ser un emperador. Este no es mi objetivo. No quiero regentar ni conquistar nada. Mi deseo es ayudar a todos en lo posible, tanto si son cristianos como si son judíos, tanto si son blancos como si son negros. Todos sentimos el deseo de ayudarnos mutuamente. Así procede la gente civilizada. Queremos vivir de nuestra felicidad común, no de nuestra común desgracia. No sentimos el deseo de despreciarnos y odiarnos mutuamente. En el mundo hay lugar para todos. La buena tierra es rica y puede proporcionar la subsistencia a cada uno. El camino de la vida puede ser libre y magnífico, pero nosotros hemos perdido ese camino.

La voracidad ha emponzoñado el alma de los hombres, rodeado al mundo de un círculo de odio, y los ha obligado a entrar a "paso de ganso" en la miseria y en la sangre. Hemos mejorado la velocidad, pero somos esclavos de ella. La mecanización, que aporta la abundancia, nos ha dejado el deseo. Nuestra ciencia nos ha hecho cínicos, nuestra inteligencia nos ha convertido es seres duros y brutales.

Pensamos demasiado y sentimos demasiado poco. Necesitamos más de espíritu humanitario que de mecanización. Más de inteligencia, tenemos necesidad de afabilidad y gentileza. Sin esas cualidades, la vida tiene que ser violenta, y todo se habrá perdido.

La aviación y la radio han logrado aproximar a los seres humanos. La naturaleza misma de estos inventos llamaba a la bondad del hombre y reclamaba una fraternidad universal que hiciera posible la unión de todos. En este momento, mi propia voz llega hasta millares de seres a través del mundo.

Yo digo a los que pueden escucharme que no desesperen. El infortunio que ha caído sobre nosotros no es más que el resultado de un apetito feroz, que la amargura de unos hombres que temen mucho ver abierto el camino del progreso humano. El odio entre los hombres pasará, los dictadores perecerán, y el poder que han usurpado al pueblo volverá al pueblo. ¡Y mientras existan hombres que sepan morir, la libertad no perecerá jamás!

Soldados, no entreguen a esos brutos lo que de mejor hay en ustedes. No se entreguen a esos hombres que los desprecian y los tratan como esclavos, que aprisionan sus vidas y se inmiscuyen en sus actos, en sus pensamientos y sentimientos; esos hombres los domestican, los limitan y tratan como ganado, utilizándolos como carne de cañón.

¡No se entreguen a esos hombres, abortos de la naturaleza, que son como máquinas con corazón de máquina! ¡Ustedes no son máquinas! ¡Ustedes son hombres! Ustedes llevan en sus corazones el amor a la humanidad y están limpios de odio, pues sólo odian aquellos que no son amados, y también los anormales... ¡Soldados, no luchen por la esclavitud!, ¡luchen por la libertad!

En el capítulo décimo séptimo del Evangelio, según San Lucas, éste dice: El reino de Dios está en el hombre mismo. *Y esto es así; no sólo en el hombre, ni en un grupo de hombres, sino en todos los hombres.*

Ustedes, el pueblo, tienen el poder de crear una vida libre y espléndida, tienen el poder de hacer de esta vida una aventura luminosa. Así, pues, en el nombre de la democracia, utilicemos ese poder. ¡Unámonos todos! Luchemos por un mundo nuevo, un mundo propicio, que dará a cada hombre la posibilidad de trabajar, que dará un porvenir a la juventud y pondrá a los ancianos al abrigo de la necesidad y la pobreza.

Prometiendo estas cosas es como los ambiciosos se han encaramado al poder. ¡Pero han mentido! No cumplieron sus promesas, ni las cumplirán jamás. Los dictadores se han liberado de sí mismos, pero han domesticado al pueblo.

¡Luchemos ahora para cumplir esta promesa! ¡Luchemos por un mudo equilibrado, un mundo de ciencia en donde el progreso lleve a todos a la felicidad!

¡Soldados, en nombre de la democracia, unámonos!

Monsieur Verdoux

Por los días en que Chaplin estaba terminando su *Monsieur Verdoux*, un periodista le pidió algunas declaraciones sobre la película; en el curso de la entrevista el reportero llegó a preguntarle:

—¿Qué es lo que se propone con esta cinta, Mr. Chaplin?

—El estratega y teórico militar alemán von Clausewitz sostenía que la diplomacia es la continuación de la guerra, por otros medios; pues bien, yo trato de demostrar en mi película que el asesinato es la continuación de los negocios, por otros procedimientos.

En efecto, la historia de *Monsieur Verdoux*, es la de un hombre cualquiera que es capaz de llegar al crimen llevado por la inercia de una sociedad obsesionada por el lucro y la competencia, lo que en realidad resultaba una crítica descarnada en contra del estilo de vida americano, mayor aún que la implícita en la película antibélica *El gran dictador*, con la cual no era de buen gusto estar en desacuerdo.

Pero en el caso de *Monsieur Verdoux* se produjo en la opinión pública un cierto malestar, y en las elites empresariales se gestó una protesta que llegó a la prensa, por medio de una campaña que buscaba demeritar la película en todo sentido, incluyendo la puesta en escena, en la que Chaplin ya no aparece como el clásico vagabundo, sino que se transforma en un personaje totalmente distinto.

Sin duda esta crítica, en el sentido de que Chaplin "ya no era el mismo" y se había traicionado, no era otra cosa que una consigna para desvalorizar la película, o al menos una simpleza de los "orientadores" del público, quienes responden al llamado de la mercadotecnia y no son capaces de apreciar los valores propiamente artísticos. Según Jean Renoir... *Monsieur Verdoux no ha matado a Charles Chaplin.* Por el contrario, el insólito personaje produce en él una nueva frescura y renovación que es compartida por una gran porción del público inteligente, quienes, sin mayores prejuicios aplauden a un personaje que es llevado por los valores de su sociedad, entendiendo las buenas razones que asisten a Monsieur Verdoux para proceder como procede.

Y lo cierto es que nadie logra ver un asesino en un hombre inteligente, recto y bondadoso, capaz de sacrificarse para ayudar a una dama inválida y a un niño, y capaz también de amar con un desinterés y ternura, lo que es propio de un ser humano sensible y bondadoso, que sin embargo es capaz de realizar un acto abominable, llevado por los estímulos insanos de la sociedad en que vive.

La trama de la historia sería poco verosímil si no fuera por el tratamiento fársico, lo que hace que la propuesta tenga un efecto psicológico profundo y represente una grave advertencia, pues Chaplin nos presenta un personaje tan puro y de buen corazón como el propio vagabundo. En realidad son el mismo tipo de hombre. Lo que sucede es que en un mudo dominado por la competencia y en el que se glorifica a los que se enriquecen por cualquier medio y en el que millones de seres viven en la permanente inseguridad económica; en ese mundo, diría Chaplin, puede ocurrir que un perfecto caballero como Monsieur Verdoux llegue a la máxima abyección a cambio simplemente de dinero, que es como la materia prima de la vida en una sociedad corrupta.

Así es como Chaplin, utilizando los recursos de la farsa clásica, convierte deliberadamente al vagabundo bondadoso en Monsieur Verdoux, y lo hace como una terrible advertencia, para demostrar la posibilidad de que, de seguir la sociedad por el rumbo que lleva, hombres tan nobles como el vagabundo y Monsieur Verdoux podrían llegar a poner en práctica, en defensa propia, ciertos procedimientos abominables, totalmente ajenos a su propia naturaleza.

Mirando bien las cosas, nos parece calro que Monsieur Verdoux y el vagabundo tienen en común rasgos inconfundibles que los identifican plenamente. Por ejemplo, en la película *El chico* se rebela Chaplin ferozmente en contra de la caridad oficial que pretende arrebatarle el niño, defendiendo como león su derecho humano a retenerlo, mostrando con ello un aspecto agresivo que se aviene más con el temperamento de Monsieur Verdoux; en cambio, cuando éste, después de socorrer a la joven que antes había pensado envenenar, se despide de ella besándole la mano con un gesto lleno de gentileza, muestra un rasgo característico del Chaplin bondadoso y sentimental.

Entre los dos personajes hay mucha afinidades que sería ocioso enumerar, pero que nos dan la clara noción de que los personajes de Chaplin, tomen la fisonomía que fuere, son en realidad uno mismo, y que ese mismo es también el propio Chaplin, que se transporta a la pantalla, haciendo una ficción de sus sentimientos, de sus pensamientos y en general de su vida; aunque el personaje primitivo se fue radicalizando a medida que las circunstancias se tornaban cada vez más penosas, y también en la medida en que el gran cómico podía llevar a cabo, con la mayor independencia posible, sus más íntimos sueños convertidos en arte.

Cuando llegó el loco apogeo de Hitler y Mussolini, creyó llegado el momento de aniquilar a esos fantoches con el arma terrible de su sátira, mucho más poderosa y eficaz, conviene repetirlo, que cualquier otro género de propaganda antifascista, oral o escrita. Después, en la encrucijada de la posguerra, en ese angustioso período de crisis y desconcierto, viene Monsieur Verdoux, como una patética señal de que hay otra guerra, sórdida y a largo plazo que hay que librar todos los días, en una sociedad que resulta hostil para el individuo.

El vagabundo se convirtió en un empleado de Banco, víctima del anarquismo económico, esto es, un individuo de lo más común y corriente, esta presentación convenía al argumento, que se propone como realista y objetivo, de manera que su mensaje pueda llegar a un público compuesto también por personas comunes.

Pero ni el vagabundo ni el atildado Monsieur Verdoux renuncian, eso sí, al inapreciable privilegio de conmover y hacer reír a la gente; pero tanto el uno como el otro desean además, sinceramente, hacer menos espinoso el camino de la vida y contribuir al advenimiento de un mundo más decente y habitable que aquél en el que les ha tocado vivir; pero detrás del vagabundo y de Monsieur Verdoux está Chaplin, el idealista y revolucionario, el hombre ávido de entregar a sus semejantes un cálido mensaje de esperanza, pues él sabe que la risa es el vehículo ideal para el manejo de sentimientos, y la fijación de ideas que rompan los esquemas rutinarios y estereotipados de pensamiento de las multitudes. De esa manera, Chaplin se convierte, como Hitler, en un gran seductor de multitudes, pero confiado en el poder que le da su capacidad de seducción, siente la responsabilidad de jugar limpio y emplear su talento para la propalación de ideas nobles, por medios histriónicos de lo más simple, pero de una gran penetración psicológica, como el gesto con el que el vagabundo protege a la muchacha ciega en *Las luces de la ciudad*, o cuando Monsieur Verdoux afronta los peores riesgos para evitar la penuria de la joven inválida.

Monsieur Verdoux fue un gran escándalo en los círculos más reaccionarios de los Estados Unidos, por lo que, a través de "La Liga de la Decencia" se realizó una campaña de desprestigio de la cinta, considerándola como una "apología del crimen", y se ejerció una acción directa contra las salas de exhibición, amenazando con incluirlas en la famosa "lista negra" si se atrevían e exhibir la película. La campaña tuvo éxito en los Estados Unidos, y por consecuencia la película fue un gran fracaso económico para Chaplin. Afortunadamente pudo recuperar los costos con el éxito que obtuvo su exhibición en Francia e Inglaterra. Se dice que de no haber sido así, ésta hubiera sido la última película de Chaplin.

A pesar de los constantes ataques de la prensa y de los contratiempos financieros, Chaplin se siente plenamente satisfecho en su vida privada, lo que en realidad era algo inusitado, como él mismo dice:

Nunca he sido tan completamente feliz. Se dice que la vida empieza a los cuarenta; nada más falso. Hasta los cincuenta no se empieza a gozar plenamente de la vida. Nunca he saboreado tan bien el presente como el día en que celebré mis cincuenta y ocho años.

En 1943, Chaplin ya se había separado de su tercera esposa, Paulette Goddard y contrajo un nuevo matrimonio, el cuarto, ahora con Oona O'Neil, una bella muchacha de dieciocho años, hija del dramaturgo Eugene O'Neil, premio Nobel de Literatura. Al momento de su matrimonio él tenía cincuenta y cinco años.

Persecución política

Después de Pearl Harbour, los Estados Unidos habían introducido algunas fuerzas aero-navales en el pacífico y enviado tropas a las islas británicas. En 1942, Hitler trataba de lograr el éxito definitivo en la URSS, repitiendo la consigna de Goebbels: "Europa contra el bolchevismo". Esta consigna era bien vista en los Estados Unidos, por lo que un poderoso sector de las finanzas había lanzado una campaña "pacifista" que en realidad tendía a aislar a la Unión Soviética y permitir que los nazis acabaran con esa nación, mientras que los ejércitos americanos se concentraban en ganar la guerra contra el Japón, para más tarde apoderarse de China.

Pero también había una fuerte oposición a la corriente aislacionista; los sectores progresistas y la opinión pública pedía que se abriera un segundo frente en Europa, para combatir a los nazis. En apoyo de esta iniciativa, se realizó un gran mitin en el Madison Square Garden, en el que tomaron parte varias personalidades del medio artístico, entre ellas Charles Chaplin, quien pronunció un discurso por teléfono, estando en Hollywood, mismo que se transmitió por los altavoces del estadio:

En los campos de batalla de Rusia la democracia sobrevivirá o morirá. El destino de las naciones aliadas está en manos de los comunistas. Si Rusia es vencida, el continente asiático, el más basto y más rico del mundo, caerá bajo el dominio nazi... ¿Qué probabilidad nos quedaría entonces de vencer a Hitler?... Si Rusia sucumbiera, nuestra situación sería desesperada.

...Rusia pelea de espaldas a la pared. Esa pared es la más sólida de la defensa aliada. Hemos defendido Libia y la hemos perdido. Hemos defendido Creta y la hemos perdido. Hemos defendido las Filipinas y las hemos perdido, pero no podemos correr el riesgo de perder Rusia, última línea de defensa de la democracia. Cuando nuestro mundo, nuestra vida, nuestra civilización se desmorona bajo nuestros pies, debemos correr un riesgo para salvarlos. Si los rusos perdieran el Cáucaso, el desastre sería inmenso para la causa aliada. Entonces los "pacifistas" (aislacionistas) *saldrían de sus madrigueras. Reclamarían la paz con un Hitler victorioso. Dirían: Es inútil sacrificar más vidas americanas, puesto que podemos llegar a un buen acuerdo con Hitler.*

Cuidado con ese cepo nazi. Los lobos nazis están dispuestos a disfrazarse con pieles de oveja. Nos propondrán una paz atrayente, pero antes de que nos demos cuenta sucumbiremos a su ideología. Suprimirán nuestra libertad, gobernarán nuestros espíritus, nos impondrán su lenguaje, dominarán nuestras vidas. El mundo será dirigido por la Gestapo. Nos darán órdenes a través del espacio. El progreso humano quedará detenido. Los derechos de las minorías, los derechos de los trabajadores, los derechos de los ciudadanos serán suprimidos, aniquilados.

...Necesitamos, ante todo, un segundo frente..., la victoria para la primavera... Hagamos lo imposible, no olvidemos que los grandes acontecimientos en la historia de la humanidad han sido la conquista de lo que parecía imposible.

Aquellas palabras de Chaplin provocaron violentas controversias, sobre todo cuando afirma que la Rusia comunista es nada menos que "la última defensa de la democracia". Sin embargo, resultaba difícil condenar a Chaplin por esas palabras, porque eran perfectamente afines a la opinión de las grandes masas americanas. Así que los sectores financieros y reaccionarios prefirieron utilizar las armas de la calumnia, enfocada sobre la vida privada de Chaplin.

El método del "pudor" y la "decencia" es una forma clásica de ataque político en los Estados Unidos, y es utilizada para desarticular movimientos sociales, reduciendo el prestigio de las personas que los representan.

Y pronto se presentó la oportunidad, cuando la campaña del "segundo frente" estaba en todo su apogeo y Chaplin seguía argumentando su posición, al mismo tiempo dio por terminada su relación con una dama llamada Joan Berry. En octubre de 1943 la mujer entra en la casa de Chaplin revólver en mano y amenaza con matarlo a él para después suicidarse. La cosa no pasó a mayores en esa ocasión, pero más tarde ella revela a la prensa que se encuentra embarazada y entabla un juicio de paternidad en contra de Chaplin.

La casi totalidad de la prensa americana explota al máximo el escándalo, y durante varios meses Chaplin aparece en grandes titulares, tratado de "sobornador", "tirano" y "padre indigno". Finalmente, en el juicio se demostró que el niño no podía ser hijo de él, por medio del análisis del tipo sanguíneo. Sin embargo, la causa en su contra no cesó y la campaña periodística tampoco, pues se continúa en la denostación de la película *Monsieur Verdoux,* aunque unos años después, una vez obtenido el triunfo sobre el nazismo, pero ahora en previsión de una guerra "necesaria" en contra de la Unión Soviética. Ante este nuevo ataque, Chaplin responde lo siguiente:

Ya se sabe qué clase de acogida se ha reservado a Monsieur Verdoux *en ciertos cines americanos, especialmente en Nueva York; algunos abucheadores han empezado a llamarme "comunista" y "antiamericano".*

Y todo esto porque no sé ni quiero pensar como todo el mundo, porque los grandes manitús de Hollywood consideran que pueden librarse de quien los molesta; pero perderán bien pronto sus ilusiones y tendrán que enterarse de ciertas realidades.

He aquí lo que yo tengo que decir: Yo, Charlie Chaplin, declaro que Hollywood agoniza. Ya no tiene nada que ver con el cine –que supone un arte–, sino solamente con el empleo de kilómetros de celuloide. Añado que nadie puede triunfar en

Hollywood si se niega a seguir el resto del rebaño, si se presenta como iniciador, si se atreve a desafiar las reglas del "big bussines".

...Hollywood libra en este momento su última batalla, y la perderá, al menos que decida de una vez por todas no estandarizar sus películas; las obras maestras no pueden fabricarse en serie como los tractores en las fábricas. Pienso que, objetivamente, es tiempo de tomar un camino nuevo, para que el dinero no siga siendo el dios todopoderoso de una comunidad decadente.

Es probable que dentro de poco salga de los Estados Unidos, a pesar de todas las satisfacciones materiales y morales que he recibido aquí. Y en el país donde vaya a terminar mis días, trataré de recordar que soy un hombre como todos los demás y que, por lo tanto, tengo derecho al mismo respeto que ellos.

Sin embargo, la ofensiva contra *Monsieur Verdoux* era una de las primeras escaramuzas que se preparaban dentro de una campaña mucho más amplia, destinada a orientar la opinión pública en favor de la guerra contra la Unión Soviética. Se dio entonces una gran fuerza a la "Comisión de Actividades Antiamericanas", presidida entonces por Parnell Thomas. Se trataba de un organismo parlamentario con amplios poderes, mismos que utilizó para lanzar una violenta campaña anticomunista, en octubre de 1947. Comenzaría entonces lo que pasaría a la historia como la "quema de brujas".

Se vio entonces a los "grandes" de Hollywood, como Walt Disney, Cecil B. de Mille, Sam Wood y Gary Cooper lanzar diatribas en contra de los "rojos" de Hollywood. El actor Robert Taylor declaró:

Si me hicieran caso, todos los comunistas serían deportados a la URSS, o a cualquier otro lugar donde sea igualmente imposible vivir. Charles Chaplin es un individuo peligroso, que se cree un financiero y un militar experto, cuando no ha sido nunca más que un emboscado.

Adolphe Menjou, quien había hecho el "Pierre Revel" de *La opinión pública*, declaró ante la comisión:

Todas las personas que tienen ideas antiamericanas son comunistas. Se debería deportar a todos los comunistas de Hollywood a los desiertos de Texas, o fusilarlos en el acto. Por mi parte, si la defensa de mi país exigiera que atravesara el Mississippi a nado, aprendería en seguida a nadar, los Estados Unidos deben amarse hasta los dientes.

Con estas y otras declaraciones comenzó una verdadera "paranoia" en los medios artísticos. Walt Disney "reveló" que existía un plan de los comunistas para utilizar las imágenes de *Mickey y Donald* para la propaganda roja, y que muchos artistas de Hollywood estaban involucrados en programas de propaganda similares.

Se comenzó por expulsar del país a los artistas reconocidos como antifascistas, como el compositor Hans Eisler. Ante este hecho, Chaplin dirige un telegrama a Picasso:

...¿Podría usted formar un comité de artistas franceses para protestar ante la embajada americana en París contra la deportación criminal que amenaza a Hans Eisler, y enviarme a la vez una copia de dicha protesta para utilizarla aquí?

Picasso actuó de inmediato, y la protesta fue firmada por una gran cantidad de intelectuales franceses. Pero en cuanto esta gestión se hizo pública, apareció también la respuesta en los diarios, entre otras, la del periodista Westbrook Pegler, quien denuncia:

...la intolerable ingerencia en los asuntos norteamericanos de un extranjero establecido en nuestro suelo desde hace 35 años, y bien conocido por su vileza moral, sus enormes deudas, su actitud cobarde durante las dos guerras mundiales y su declarada convivencia con los comunistas.

Algunos parlamentarios norteamericanos pidieron que Chaplin fuera expulsado de los Estados Unidos, pues consideraban una traición el famoso telegrama a Picasso, además, por su "escandalosa vida privada que rebaja la moral de toda América".

El objetivo final de esta campaña se fue aclarando poco a poco, lo que se pretendía era preparar el terreno para una tercera guerra mundial, dado que en la primera y la segunda los Estados Unidos habían tenido un progreso económico extraordinario, la tercera les permitiría obtener la hegemonía mundial.

Cuando, en 1949, se habló de convocarlo ante la Comisión de actividades antiamericanas, Chaplin ya había comprendido perfectamente la razón profunda de los ataques contra él, y envió el siguiente telegrama a Parnell Thomas:

He sabido, por la publicidad que ha dado usted al asunto, que tiene usted la intención de convocarme en septiembre de 1949, para comparecer ante su Comisión. Se dice que desea usted preguntarme si soy comunista. Hubiera usted podido hacerme esa pregunta durante los diez días que presidió usted su tribunal en Hollywood. Puesto que le interesa tanto saberlo, le diré que no soy comunista. Soy un hacedor de paz.

Esta declaración de Chaplin no era una autoalabanza, sino un hecho reconocido mundialmente. En 1948, la Asociación Francesa de Críticos de Cine, dirigió al presidente de Noruega la siguiente petición:

Las películas del señor Chaplin se distinguen por su carácter pacifista, por el amor a la humanidad que se revela en ellas. Ese carácter se ha acentuado especialmente en sus dos últimas películas: El dictador *y* Monsieur Verdoux, *las cuales contienen en su última parte declaraciones que han contribuido poderosamente, sin duda alguna, a difundir las ideas caras al señor Alfred Nobel.*

Por esta razón, la Asociación Francesa de Críticos de Cine se adhiere a un deseo ya formulado en 1926 por su decano, el señor Lucien Wahl, y asume la iniciativa de pedir el Premio Nobel de la Paz para el señor Charles Chaplin.

Por supuesto, la iniciativa no prosperó, y Chaplin se encontraba cada vez más aislado en el ambiente cinematográfico, a veces sometido a campañas de desprestigio y otras a un silencio atroz por parte de la prensa.

En junio de 1950, los financieros y militares por fin habían logrado una guerra fresca y aceptable, volcándose la industria cinematográfica en los temas bélicos; pero Chaplin no se había dado por vencido, y a pesar del descalabro financiero de su última película, se pasó tres años trabajando en el guión de *Limelight*.

En una traducción literal, "limelight" significa "luz de carburo", aludiendo a las lámparas de los teatros en el siglo XIX, que usaban pastillas de carburo para producir una brillante luz sobre el escenario. En español se le llamó *Candilejas*.

En el rodaje de esta película, Chaplin batió todos los récords de tiempo, con la finalidad de reducir los costos al mínimo, y la película se rodó completa en cincuenta días, en la primavera de 1952.

Candilejas no era un drama cómico como *Monsieur Verdoux*, ni una comedia dramática como *La opinión pública*; era un drama "puro", una tragedia de corte clásico. En esta

Candilejas 1952.

película, por primera vez aparece Chaplin en escena con el rostro al natural, sin ninguna caracterización. Lo que fue una verdadera sorpresa para el público, pero en realidad aquella transformación tenía sentido, pues con ella Chaplin planteaba un nuevo tipo de cine que ya no estaba destinado al público norteamericano sino al europeo; así que se decide a cruzar el atlántico, dejando su casa de Beverly Hills, con su mujer Oona, los cuatro hijos de ellos y Sidney, su primogénito, hijo de Lita Grey.

La familia se embarcó en Nueva York, en el trasatlántico *Queen Elizabeth*, pero apenas éste había dejado la rada del puerto, cuando la radio difundía una declaración del Fiscal General Mac Granery, en el sentido de que se abría una investigación en contra de Charles Chaplin, acerca de sus "actividades antiamericanas", relacionadas con un telegrama dirigido cinco años antes a Pablo Picasso, para protestar por la expulsión del compositor Hans Eisler. Los locutores añadían a la noticia lo siguiente:

El señor James P. Mac Granery, Ministro de Justicia, ha comentado que dio instrucciones a los servicios de inmigración para que el célebre actor sea internado, en caso de que intente volver a los Estados Unidos. Esta noche, en Washington, se añadía que si Charles Chaplin decide regresar a Nueva York, deberá pasar, como todos los inmigrantes, cierto tiempo encerrado en Ellis Island, esperando que se resuelva su suerte. Sin embargo, en los medios oficiales se observaba que a veces el gobierno puede conceder autorizaciones provisionales mientras se aguarda el resultado de la investigación.

Dos días más tarde, el *Queen Elizabeth* hizo una breve escala en Cherburgo, donde una gran cantidad de reporteros esperaban a Chaplin, quien concedió una rueda de prensa; en ella le preguntaron cuál había sido su impresión al saber la noticia por la radio.

Me he quedado estupefacto. En efecto, esta primavera hice todas las gestiones oficiales; la investigación de los servicios de inmigración duró tres meses, después de los cuales he recibido todas las autorizaciones necesarias y especialmente el permiso de regreso. Las autoridades de inmigración me han tratado con la mayor cortesía en el momento de mi marcha, deseándome varias veces un feliz retorno. Si hubiera habido cualquier sospecha acerca de mí, las autoridades dispusieron de tres meses para examinar mi caso. De todas maneras pienso volver pronto a California, donde vivo hace casi cuarenta años. Mi trabajo me llama ahí. Me siento muy dichoso al poder ir a Europa, pero no quiero renunciar a ninguno de mis planes para el futuro.

A la mañana siguiente, en Londres, una multitud esperaba a la familia Chaplin en la estación de Waterloo. Aquel recibimiento apoteótico lo conmovió hasta las lágrimas. Él fue recibido en su patria con muestras de gran afecto, no solamente por la gente, sino también por la prensa, que, en general, se mostró solidaria con él, presentando artículos editoriales en su favor y ridiculizando la figura del "Tío Sam".

Llegada a Inglaterra 1952.

De nuevo en la pantalla

El estreno mundial de *Candilejas* se llevó a cabo en Londres, en el cine Odeon, el 16 de octubre de 1952, con la presencia de la familia real, representada por Margarita, hermana de la reina Isabel. Al poco tiempo sería presentada en París, por lo que Chaplin viajó a Francia lleno de inquietud, pues necesitaba que la película triunfara allá para que se difundiera en otras partes del Europa y el mundo, dado que por ahora el mercado americano estaba cerrado y de la recuperación de los elevados costos de la película dependía su permanencia en el cine.

Pero, afortunadamente, la acogida de la película en París fue extraordinaria, a pesar del precio elevado que se puso a las entradas y de la duración de la cinta (casi tres horas). Durante varias semanas el público popular hizo colas en las salas donde se exhibía *Candilejas*, rebasando en seis semanas el medio millón de espectadores, lo que era un verdadero récord en París.

Chaplin volvió a Londres triunfador, pero la familia decidió instalar su residencia en Suiza, por lo que alquilaron una gran casa en los alrededores de Lausana.

El 16 de abril de 1953, el cónsul de los Estados Unidos en Lausana tuvo la sorpresa de recibir la visita de un hombrecillo elegante, de cabellos blancos y una sonrisa agradable que le dijo:

Me llamo Charles Chaplin. He vivido cuarenta años en los Estados Unidos, de donde salí en septiembre. Me habían dado una visa de regreso, pero no pienso utilizarla. Aquí está, se la devuelvo a usted, pidiéndole que se la envíe a su gobierno. Ya no volveré a los Estados Unidos. Tengo el honor de saludarlo, señor cónsul.

Tal vez esta decisión de Chaplin se debió al viaje que hizo su esposa Oona a Hollywood, para arreglar algunos asuntos económicos; ella había traído noticias de la carrera de *Candilejas* en los Estados Unidos, donde una liga fascista ya muy extendida en toda la unión, llamada "La Legión Americana" había organizado un severo boicot. Los cines que se atrevieron a inscribir la película en su programa tuvieron durante las presentaciones un grupo de boicoteadores "legionarios" estacionados ante sus puertas, tratando de disuadir a las personas de no entrar a ver aquella película "roja".

La casa de Beverly Hills se vendió ese año, lo mismo que los Estudios de la avenida La Breda. En su casa de Lausana, la familia Chaplin permanecía tranquila, en espera del nacimiento del quinto hijo. De vez en cuando, un breve telegrama anuncia que el matrimonio fue a pasar un fin de semana a Londres, o se presenta en los diarios la fotografía de Chaplin dedicado al cultivo de sus viñas en Suiza.

Un rey en Nueva York

Esta fue la película número setenta y nueve de la vasta producción de Chaplin; se estrenó en Londres en 1957 con un éxito en verdad apabullante; por fin los ingleses sentían a Charles Chaplin totalmente suyo.

Chaplin había comenzado a trabajar en esta película desde que se instaló con su familia en Suiza; para 1954 ya tenía una primera versión, pero ésta fue cambiando considerablemente con el tiempo. Cuando terminó el guión, a principios de 1956, se estableció en Londres, para contratar actores y el *staff* técnico. Para tal efecto fundó una nueva compañía productora, la *Attica Film Company*.

La realización duró diez semanas, lo que fue un tiempo en verdad corto, considerando la envergadura de la producción, además de que el costo total fue inferior al de cualquiera de las otras películas de Chaplin. En esta película, por primera vez trabajaba con personal desconocido, lo que le causaba una gran inquietud, como diría más tarde al *Sunday Times*:

Me sentía como un caballo en una cuadra desconocida; a pesar de que todos eran ingleses, como yo, me sentía aislado. En mi estudio de Hollywood todos me trataban como a un niño mimado, sobre todo cuando emprendía una nueva filmación. En tales condiciones, duda uno de sí mismo; siempre está uno irritado, enervado, siempre se le pierde a uno algo. Casi lloro... ¿Dónde están mis guantes y mi sombrero? Me asalta el pánico y cinco personas corren en todas direcciones... Me tratan como a un enfermo de hospital psiquiátrico. Se empeñan en tranquilizarme: "¡Todo va bien, jefe, todo se arreglará!" Mi equipo estaba lleno de

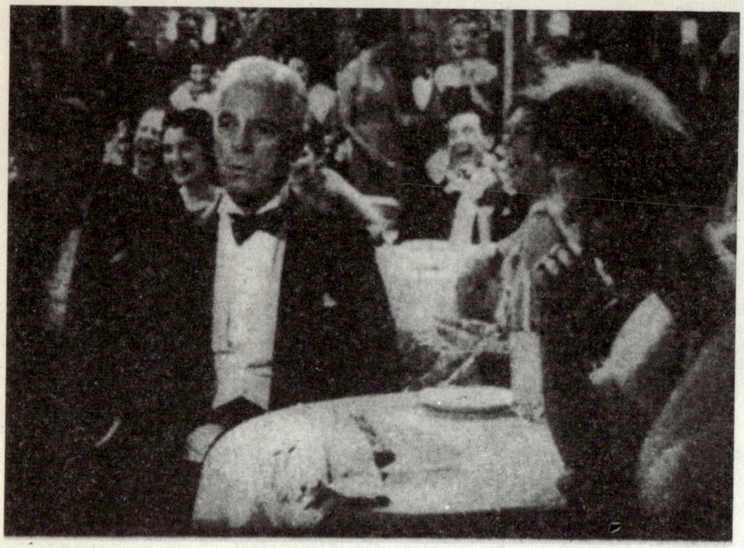

Un rey en Nueva York 1957.

indulgencia. "Siempre se pone así cuando empieza a filmar", decían mis colaboradores.

A mediados de 1956, la película parecía terminada, con excepción de la música. Se procedió entonces al arduo trabajo de edición y finalmente a la incorporación de la música. Como era la costumbre de Chaplin, él mismo escribió la partitura, y en este caso dirigió también la orquesta.

La historia de *Un rey en Nueva York* es, como en todas las películas de Chaplin, simple y anecdótica; pero su argumento lleva una profundidad psicológica y un mensaje que mucho tiene de autobiográfico; la historia puede resumirse así:

Una revolución obliga a Shahdow, rey de Estrovia (Charles Chaplin) a exiliarse de su país, no sin antes poner a salvo el tesoro de la reina (Maxime Audley). El rey es recibido en el aeropuerto de Nueva York por su primer ministro (Jerry Desmond), por su embajador (Oliver Johnston), y por la prensa, delante de la cual el rey declara que fue destronado por no haber querido utilizar el átomo para hacer bombas, sino para el desarrollo industrial. Celebra estar en los Estados Unidos, que llama "tierra de libertad", y se encuentra tan entusiasmado que no se da cuenta de que alguien le toma las huellas digitales.

Apenas se instala en el Hotel Ritz y corre al banco para retirar su tesoro, pero ya es muy tarde y el banco está cerrado. Entonces pasea por Broadway, donde se escucha una música estridente de Rock'n roll y en una gran pantalla se exhiben escenas de violencia.

Doce horas después, el rey se da cuenta de que su primer ministro lo ha traicionado, llevándose su tesoro, y que su esposa se ha marchado a París, anunciándole que pedirá el divorcio. Así que el rey ha quedado pobre y abandonado, no quedándole más que la posibilidad de vender los planos atómicos para obtener recursos.

El rey conoce a una bella dama que trabaja en la televisión y lo invita a una cena muy elegante en la que se le filma clandestinamente para usar su imagen en un comercial de dentífrico.

Después de muchas peripecias, una noche de invierno el rey encuentra en la puerta del Ritz a un joven que lee a Karl Marx. Al conversar con él, sabe que el padre y la madre del muchacho han tenido que comparecer ante una Comisión de Actividades Antiamericanas y los han condenado a dos años de prisión. El rey reconforta al joven y lo protege, haciéndolo pasar por su sobrino.

Nuevo escándalo denunciado por la televisión: *El rey Shahdow protege a un joven "rojo"*. Entonces el rey y su embajador comienzan a ser hostilizados. En una ocasión, creyendo dar su autógrafo, el rey firma un documento en el que acepta comparecer ante la Comisión de Actividades Antiamericanas.

Después de conversar con su abogado, decide presentarse ante la Comisión, pero llega tarde a la cita porque en el ascensor mete un dedo en la manga del hidrante para incendio, sin poderlo sacar. Por fin llega ante la Comisión, y para prestar juramento levanta una mano, pero al hacerlo se activa el hidrante contra incendios y el agua moja a los miembros del tribunal y a todos los presentes.

A pesar de todo, el rey es considerado "testigo amistoso" y se le exonera, pero él prefiere abandonar los Estados Unidos, pues cree haber reconquistado el corazón de la reina. Yendo hacia el aeropuerto, pasa por la "escuela progresista" donde se ha recluido al joven "rojo" para su reeducación. Él ha sido incorporado a esa institución después de haber cooperado con el F.B.I., denunciando a todos sus amigos "activistas" a cambio de que se deje en libertad a sus padres. "Eres un verdadero estadounidense, un gran patriota", le dice el director de la escuela, mientras el muchacho oculta sus sollozos entre los brazos cruzados.

A pesar del contenido argumental de la película, Chaplin dice a la prensa:

Yo no tengo pretensión alguna de dar un "mensaje para las masas"; por lo demás, no creo gran cosa en "mensajes". La intención del cine es hacer reír. Mi película no es seria en modo alguno. Es cómica, pero contiene, sin embargo, algo de serio que pertenece, creo yo, al mundo del siglo XX.

Me halaga mucho haber conseguido molestar a algunos, la vida sin controversias sería bien aburrida. Todo el que vive atrae la discusión. Ya cuando presenté Fiebre de oro *me reprocharon introducir una filosofía política. A propósito de aquella película, me dijeron también que me volvía demasiado serio. Luego objetaron que* Luces de la ciudad *era menos graciosa que* Fiebre de oro. *Y así sucesivamente... Seguramente es que me gusta molestar.*

Un rey en Nueva York, *en todo caso, no es una película de propaganda política. No pretende más que mostrar la lucha de los seres humanos con sus propias creaciones. No creo que la "caza de brujas" y su atmósfera deletérea hayan transformado profundamente los Estados Unidos. Y no creo tampoco que mi película pueda hacer el menor daño a los Estados Unidos. Pretende prestarles un servicio, no hacerles daño.*

Durante treinta años viví dichoso en aquel país. El estadounidense medio es un buen hombre, un individuo muy simpático. No es verdad que yo deteste a los Estados Unidos. Los quiero, aún ahora. Pero no me gusta ni cómo me han tratado ni una serie de cosas impuestas por una minoría: enseñar la delación a la gente, por ejemplo. En resumidas cuentas, los Estados Unidos son suficientemente fuertes para soportar la sátira.

No soy hombre político. No soy intelectual. No soy tampoco comunista, ni siquiera socialista. Jamás he leído a Karl Marx. Y podría decirse que soy un capitalista, por lo que respecta a la venta de mis películas. Pero con un matiz, que lo que más me importa es la dignidad humana. Si se empeñan ustedes en pegarme una etiqueta, llámenme anarquista. O mejor, un no conformista. Soy y seré un incorregible romántico.

Secuencias finales: *La condesa de Hong Kong*

Después de la presentación de *Un rey en Nueva York*, Chaplin se encierra en su casa de Suiza por más de seis años, dedicado, en gran parte, a la elaboración de su autobiografía y a la adaptación de un guión cinematográfico que había tenido guardado mucho tiempo.

A pesar de su fama y de las multitudes que lo asediaban, Chaplin había sufrido durante mucho tiempo por la soledad. Pero ahora aquello no era más que un recuerdo, pues desde su matrimonio con Oona, su vida había cambiado radicalmente, por lo que termina su autobiografía con estas palabras:

Shopenhauer decía que la felicidad era un estado negativo, pero yo no estoy de acuerdo. Sé lo que significa la felicidad. Tengo la suerte de tener una esposa maravillosa. Cuando anda delante de mí por las aceras estrechas de Vevey, con sencilla dignidad, con su breve silueta muy erguida, con los cabellos negros –entre los que ya hay hebras de plata– bien estirados hacia atrás, se desborda de pronto en mí una ola de amor y de admiración, cuando pienso en todo lo que es, y se me hace un nudo en la garganta. Rodeado de tal dicha me siento a veces en la terraza, al ponerse el sol, y contemplo la vasta extensión del césped, el lago a lo lejos, y más allá la presencia reconfortante de las montañas, y ahí me estoy sin pensar en nada, saboreando la magnífica serenidad.

Tan completa felicidad es cosa muy rara, y se comprende que, para saborearla, Chaplin se haya recluido con Oona y sus numerosos hijos en su casa de Suiza, sin ver casi a nadie, sin responder casi nunca a las innumerables cartas y solicitudes recibidas del mundo entero.

Sin embargo, este no es un tiempo de ocio estéril, sino al contrario, de ocio creador, se pasa esos seis años en el disfrute de su familia y también de sus recuerdos, escribiendo su autobiografía con la mayor calma y minuciosidad. Aunque le faltaba mucho para terminarla cuando, en 1961, su hijo mayor, Charles Chaplin Jr. publica un relato de la vida de su padre desde su punto de vista. En esta biografía se retrata al hombre con todas las contradicciones propias del genio creador, pero se maneja siempre dentro de los límites de la discreción, haciendo sentir al lector la gran admiración el afecto que sentía por su padre.

Finalmente, la autobiografía es publicada en 1964, y Chaplin se dedica de lleno a preparar la producción de *La condesa de Hong Kong*, de la que ya tenía material anterior, pero sin una forma definitiva; ahora, por fin encontraba el tiempo y la disposición para hacerla. Chaplin escribió para la prensa el siguiente prefacio:

La historia de la condesa de Hong Kong me fue inspirada por un viaje que hice a Shangai en 1931, durante el cual tuve oportunidad de tratar a varios emigrados rusos, auténticos aristócratas todos ellos. Esta gente, que lo había perdido todo, empezando por su patria, vivía del modo más miserable; los hombres tiraban de carricoches y las mujeres se ganaban la vida como parejas en los "dancings".

Cuando estalló la Segunda Guerra Mundial, la mayoría de estos aristócratas había muerto, pero sus descendientes se trasladaron a Hong Kong, donde su suerte fue peor aún que la de sus padres, pues aquella ciudad estaba literalmente atiborrada de refugiados. Éste es el escenario de mi película.

He procurado realizar La condesa de Hong Kong *del modo más sobrio posible, a fin de conferir un intenso realismo a las situaciones y de permitir igualmente al público adherirse estrechamente a esta comedia.*

Se trata de una comedia romántica, y no por ello está pasada de moda. El romanticismo siempre está de moda, lo mismo que el erotismo, el amor o el psicoanálisis; es la condición sine qua non *de toda la humanidad; sin él la vida sería totalmente carente de interés. Sin discusión, soy un romántico, y creo que el romanticismo es parte integrante de la existencia. Por eso vamos al cine, no para resolver ningún problema, sino para dejar que nos conmueva; y espero que mi película logrará conmover a todo el mundo.*

Chaplin volvió de China en 1936, con Paulette Goddard, con quien se casó en Cantón con el mayor sigilo. Estuvieron en Hong Kong, de donde pasaron a San Francisco. Durante esas vacaciones, Chaplin concibió la idea de *La condesa de Hong Kong,* pensando en Paulette Goddard para el papel protagonístico. Pero el auge inusitado del nazismo, en 1938, lo indujeron a realizar primero *El gran dictador.*

En la historia se ve a un millonario y diplomático americano (Marlon Brando), quien parte de Hong Kong en un trasatlántico de gran lujo y descubre en su armario a una bella mujer que viaja de polizón (Sophia Loren), quien es una condesa rusa que busca huir de la ciudad y de la prostitución. Primero piensa en denunciarla, pero va postergando su decisión, y después de muchas peripecias se da cuenta de que está enamorado de ella; él termina dejando a su esposa (Tippi Hedren) y su carrera diplomática para irse a vivir con la condesa a Hawai.

La Condesa de Hong Kong se estrenó en París en enero de 1967, cuando Chaplin tenía casi 78 años. En la presentación de prensa los periodistas le preguntaron sobre sus nuevos proyectos, a lo que él respondió que ya no se veía como intérprete de una nueva cinta, que se sabía envejecido y había perdido por completo el gusto del maquillaje; aunque piensa en muchos escenarios y cuenta con dirigir una película en la que daría papeles a sus hijos.

En un pasaje de sus memorias, Chaplin recuerda que cuando era joven una vidente le vaticinó que sería muy rico, que tendría tres esposas, tres hijos, y que moriría a los 82 años. No estuvo lejos de la verdad, pues Chaplin vivió siempre como un hombre rico, a pesar de que arriesgaba casi todo su capital en cada producción, no tuvo tres esposas, sino cuatro, y en vez de tres tuvo ocho hijos. Por lo que se refiere a la fecha de su muerte, Chaplin se pasó de largo seis años, pues murió a los ochenta y ocho, el 25 de diciembre de 1977, rodeado del amor de su familia, en su casa de Vevey, en la campiña suiza.

TÍTULOS DE ESTA COLECCIÓN

Abraham Lincoln
Adolfo Hitler
Albert Einstein
Alejandro Graham Bell
Alejandro Magno
Beethoven
Benito Mussolini
Buda
Carlota
César Borgia
Charles Chaplin
Cleopatra
Conde Cagliostro
Confucio
Cristóbal Colón
Dante Alighieri
Diana de Gales
Ernest Hemingway
Ernesto Che Guevara
Eva Perón
Federico Nietzsche
Franz Kafka
Gandhi
Gengis Kan
Harry Houdini
Hermann Hesse
Hernán Cortés
Jesús
John F. Kennedy
Joseph Fouché
Juan XXIII
Juana la Loca
Julio César
Karl Marx
Leonardo Da Vinci
Lucrecia Borgia
Mahoma
Marco Polo
María Antonieta
María Tudor
Marilyn Monroe
Marqués de Sade
Miguel Ángel
Mozart
Napoleón
Nicolás Maquiavelo
Oscar Wilde
Pitágoras
Rasputín
René Descartes
Ricardo Corazón de León
San Francisco de Asís
Sigmund Freud
Vincent Van Gogh
Vlad Tepes
William Shakespeare

NOTAS

NOTAS

NOTAS

NOTAS

Este libro se terminó de imprimir
en los talleres de Castillo
y Asociados Impresores,
Camelia 4, col. El Manto,
México, D.F.